조성규 시집

상상 끝에 비상

한누리미디어

서문

나에게 있어 삶이란 대립과 혼돈의 시달림이 끊이지 않는 역경 속에서 기득권을 움켜쥐기 위해 벌이는 생존경쟁의 경연장으로 늘 안개 낀 숲속 같은 미로의 길목에서 헤매 돌다가 목적지를 찾아 제 갈 길을 가는 머나먼 행로라 생각한다.

비바람이 치는 들녘에 잡초처럼 살아온 뒤안길에서 방황하며 비틀거릴 때 출구가 된 숨구멍인 시 창작, 범속되지 않고 진지하게 살기 위해 선택한 문학의 길에서 머물다 다시 시를 쓰게 된 계기는 진심 어린 친구의 따끔한 충고의 일침 때문이었다.

시에 몰입하다 보면 그 순간 평온해지는 알 수 없는 중심 잡기가 느껴지는데 나에게 시 쓰기는 잃어버린 자아를 되찾는 회복기로서의 과정이라 할 수 있다. 이제 세상의 구석에서 시를 쓰며 살아온 길을 되돌아보니 내가 태어난 가장 의미 있는 일이 시 쓰기였다고 여겨진다.

살다 보면 뜻하지 않게 겪게 되는 예기치 않은 인생역정에서 점차 현실에 순응하며 벗어나는 긍정적인 사고방식을 체득한다. 인생의 정점에 있는 자들도 누구나 겪게 되는 숱한 고민이 뒤따르며 크고 작은 늪에서 벗어날 수 있는 길을 살아서 찾기가 매우 어렵다.

  늘 열등감의 암담함에서 벗어나려고 노력했던 지난날 무엇하러 태어났는가 깊이 생각한 적이 있었다. 시라도 쓰면서 살라는 사명감을 부여받았다고 여겼는데 삶의 의미에서도 시를 쓰면 세상을 바라보는 시각과 견해가 급속도로 달라지는 것이었다.

  어떤 일에 천착하는 배후에는 필연성이 잠재되어 있듯이 시인의 길에 서 있음을 팔자소관이라고 깨닫고, 시인의 삶을 체득하고자 하였다.

  나의 시심에 영혼을 불어넣어 주고 이 세상을 단숨에 떠나신 어머니께서 마지막으로 머무시던 장승배기 그곳을 찾아가 보아야겠다.

        2025년 9월 초가을에

                          조 성 규

차례

• 서문 · 6

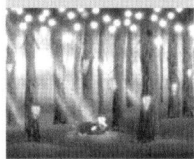

1부 _ 위대한 사랑

한 컷의 예술 ············ 16
한 번 더 날자 ············ 17
위대한 사랑 ············ 18
너와 나 차이 ············ 19
보물섬 찾기 ············ 20
신문과 문학 ············ 21
그림자 분신 ············ 22
악마의 마각 ············ 23
정든 옛 노래 ············ 24
세 번째 눈물 ············ 25
가을 그 집 앞 ············ 26
외사랑 연모 ············ 27
창문에 핀 꽃 ············ 28
가끔은 뛰자 ············ 29
새가 되었나 ············ 30
평온한 숲길 ············ 31
이마에 주름 ············ 32
살아 있는 기 ············ 33

• 작품평설/ 꺾이지 않는 의지와 시적 자긍심의 결실 _ 김재엽 · 134

2부 _ 숨어있는 자

절규 유작시	36
내 영역 찾기	37
숨어 있는 자	38
지는 법 터득	39
을지로 문학	40
한누리와 나	41
시상의 여백	42
영혼과 육신	43
잊혀졌던 길	44
꿈길 밖에 너	45
옛사랑 석자	46
강물이 되어	47
청계천 물길	48
낙조에 잠겨	49
대학로에서	50
떠도는 외길	51
그 시절의 시	52
장기표의 길	53

차례

3부 _ 상처의 잔상

가을의 향기 ····················· 56
졸리면 잠깐 ····················· 57
유익한 해법 ····················· 58
거긴 평안해 ····················· 59
상처의 잔상 ····················· 60
밤 기차에서 ····················· 61
삶의 끝 묘지 ···················· 62
낙산에 서서 ····················· 63
꽃과 인생길 ····················· 64
언젠간 가리 ····················· 65
겨울 백사장 ····················· 66
잊혀지기 전 ····················· 67
해장 사우나 ····················· 68
같이 또 따로 ···················· 69
생각의 관점 ····················· 70
가볍게 살기 ····················· 71
첫눈 이미지 ····················· 72
가을의 흐름 ····················· 73

4부 _ 꽃이 진 나무

시상의 끝에 ·············· **76**
빈 머리끼리 ·············· **77**
그들 선별법 ·············· **78**
인생 불행론 ·············· **79**
뒤늦은 속내 ·············· **80**
동묘 나들이 ·············· **81**
삶과 시와 나 ·············· **82**
봄날의 강변 ·············· **83**
맺힌 그 눈물 ·············· **84**
목련꽃 애가 ·············· **85**
꽃이 진 나무 ·············· **86**
본능 목적지 ·············· **87**
고독에 빠져 ·············· **88**
금지된 그 길 ·············· **89**
신념을 갖고 ·············· **90**
새벽 창가에 ·············· **91**
화사한 봄꽃 ·············· **92**
넌 빠져란 말 ·············· **93**

차례

5부 _ 탐욕의 무리

나만의 약속 ·················· **96**
존재의 말로 ·················· **97**
탐욕의 무리 ·················· **98**
해맑은 길로 ·················· **99**
내 보금자리 ·················· **100**
신당동이야 ··················· **101**
가을이란 병 ·················· **102**
잡다한 상념 ·················· **103**
불 꺼진 철길 ················· **104**
가을아 안녕 ·················· **105**
꽃이 진 자리 ················· **106**
숨어버린 별 ·················· **107**
보람찬 목적 ·················· **108**
군대 친구들 ·················· **109**
불안한 인생 ·················· **110**
모친의 소망 ·················· **111**
쓰고자 한 시 ················· **112**
삶에 적응력 ·················· **113**

6부 _ 시혼을 향해

물밍이 뭐지	116
시혼을 향해	117
단거리와 시	118
익숙해진 것	119
결혼에 부쳐	120
탑을 쌓듯이	121
물의 발악론	122
인생이 뭐냐	123
정열과 고독	124
노래 이야기	125
번민의 나날	126
왜 시를 쓰냐	127
동토의 계절	128
백수의 단꿈	129
사찰 감로암	130
마음에 고향	131
자아에 생각	132
정상을 향해	133

상상 끝에
비상

1부

위대한 사랑

한 컷의 예술/ 한 번 더 날자/ 위대한 사랑
너와 나 차이/ 보물섬 찾기/ 신문과 문학/ 그림자 분신
악마의 마각/ 정든 옛 노래/ 세 번째 눈물/ 가을 그 집 앞/ 외사랑 연모
창문에 핀 꽃/ 가끔은 뛰자/ 새가 되었나/ 평온한 숲길
이마에 주름/ 살아 있는 기

한 컷의 예술

가까이서 찍어야 생동감이 넘치는 전투
포연이 스멀스멀 격전지에서 부릅뜬 눈
총탄이 빗발치는 악마의 영역 전쟁터
순간을 포착하려는 예리한 시선
투철한 정신의 감각 명확한 렌즈
파괴의 참상을 목숨을 걸고 찍는 신념
인간의 극과 극을 담고자 한 사진 한 컷
실상을 적나라하게 전하는 최전선 기자
인간의 야만성을 알리는 보도 사진
함축성의 극처인 무언의 예술 장르
생과 사의 갈림길에서 남기고픈 산 역사
인생의 모든 걸 건 고독한 사진 기자
사명감에 불타올라 공포를 억누르고
피 튀기는 전쟁의 참혹상을 알리고자
허름한 가방을 질끈 어깨에 메고
타이밍을 포착하는 한 컷의 예술가

한 번 더 날자

내 마음을 엮어 한 번 더 날기로 한 다짐
때론 쫓기듯이 시를 쓰는 심리상태
굳은 결심만 빙빙 맴도는 늦은 밤
깊숙한 심중에 숨어 있는 내 속의 문장
더러운 걸 보면 슬쩍 놀려치고
깨끗한 걸 있는 그대로 쓰자
어딘가에 꼭꼭 묻어놓은 문장을 찾아
그 느낌 그대로 표현하고자 한 신념
높은 곳에서 고개를 곤추세우는 기질
대립하다가 현기증 일며 돌아서는 발길
예리하게 치켜뜬 눈으로 직시하는 세상
이대로 살다 보면 뜻한 바를 이루겠지
처마 끝에서 날아오르는 새처럼
상상 끝에 한 번 더 비상을 하자
꺾이지 않는 의지와 자긍심을 지닌 채
드넓은 창공을 향해 세차게 날아오르자

위대한 사랑

태초부터 끊임없이 사랑을 한 인간 역사
사랑을 찾아 헤매 도는 홀로 된 사람들
나의 과거의 사랑은 모두 빗나가 버려
오랜 세월 독신으로 칩거하게 된 처지
연애란 가슴이 부푸는 나들이
사랑은 외줄타기하는 중심잡기 곡예
그대 앞으로 곧장 가야 할 발걸음
난관을 극복해야 결실을 맺는 과정
사람은 알 수 없는 미묘한 감정 심리극
언제든지 헤어질 수 있는 불안한 관계
헤어져도 불씨가 남아있다면
그것도 영원한 추억의 모닥불이 될 거야
첫 인상에 끌리는 야릇한 느낌
사람의 위대한 생성의 원천은 진실
참된 사랑은 환경을 극복해야만 가능해
두 갈래 길이 합쳐져 한길로 향하는 일심

너와 나 차이

한가닥한 폭력으로 얼룩진 그의 과거
서를 쓴답시고 방황을 하는 백수인 나
오래간만에 만나 주고 받는 술잔
파란만장한 인생을 술회하며 마시는 술
그는 과거를 접고 현실에 충분한 가장
나는 여전히 허송세월을 보내는 중
마음에 남아있는 속내를 드러내는 동창생
관념은 달라도 허심탄회한 대화
과거의 흔적을 반성하는 그의 말
현실 사회를 삐딱하게 바라보는 내 시선
가는 길은 달라도 지금은 한마음
성장기를 함께한 친구와 통하는 교감
누구나 느끼는 잠재적 범죄 충동
획일화된 사회에 저항하는 반골 기질
한때 힘 조절을 통제하지 못했던 그
그는 행동을 했고 나는 상상을 한 차이

보물섬 찾기

성장기에 읽게 되는 보물섬 이야기
저마다 희망이라는 특급열차를 타고
어딘가에 숨어있는 보물섬을 찾아
끝도 없이 부유하는 군상들
빈 가슴을 가득 채우기 위해
행복이라는 유토피아를 향해
단꿈을 꾸고 계획을 세우며
인생을 담보로 무한정 찾아 나선 발길
인생길을 빙빙 돌다가 지친 사람들
신기루처럼 가물거리는 허황된 보물섬
세상 어딘가에 정녕 있기나 한 건가
풀리지 않는 의구심을 갖고 사는 사람들
가까운 데서 찾으면 보이고
멀리 볼수록 자욱한 안개에 가린 허상
우리가 정착해야 할 안락한 보물섬
연리지같이 엮인 포근한 그대의 품속

신문과 문학

신문의 다양성을 깨달았던 청년기
눈길이 자주 가던 지면 문학계의 소식
지금은 사라진 연재소설을 즐겨 읽고
시는 이해가 될 때까지 반복해 읽었지
생의 끄트머리에서 쓴 입몰의 명시
혼백으로 지상을 뜬 유고시 한 편
살얼음을 딛고 날아오르는 겨울새처럼
날갯짓 승천으로 한 상애를 끝낸 시어
시 창작이 풀리지 않아 헤매던 그해
신문에 실린 시에 자극을 받아
앞길에 가로놓인 벽을 뚫고 갔던 과정
내 영혼의 받아쓰기에 몰두한 고행
진실이 안개 속에 가린 혼돈의 시국
비판적인 사고와 의식을 키워준 신문
어둠 속에서 오롯이 촛불을 밝히듯이
선입견을 깨는 기본 틀이 되어준 산실

그림자 분신

인적이 드문 늦은 밤 할 일 없이 걷다가
따라오는 그림자를 바라보는 멍한 눈길
각도에 따라 커졌다가 작아지는 형상
그림자조차 잊고 살아온 나날
일상에 쫓기듯이 살다 보니
갈 방향을 잃고 헤매는 족적
가지 말아야 할 막다른 골목길
길이 막힌 곳에 갇혀 버린 고뇌
밤에 분신인 내 그림자를 잊고 살아도
돌고 도는 밤길을 따라오는 동행
따로 또 같이 피안의 길을 찾는 발걸음
대지 위에 비춰진 쓸쓸한 내 그림자
달빛을 반기는 달맞이꽃처럼
빛의 구원을 바라는 내 마음의 그늘
찾아야 할 희망이라는 역을 가고자
오늘 밤 내가 내 그림자를 밟는다

악마의 마각

심신을 돌보지 않는 자를 지배하는 술잔
고독의 피폐를 잠재우는 묘약인 듯한 술
술이 촉매제가 되어 작동하는 악령
마각을 드러내는 악마의 존재감
만취한 술이 외로운 영혼을 흔들 때
제멋대로 행동하게 조종을 하는 검은 손
술의 노예가 되어 사악한 길로 빠지는 몸
사리를 분별하지 못하는 환각의 그림자
갑자기 돌변해 사고를 치게 하는 충동
수렁으로 빠트리는 악마의 깊은 함정
술이 깨면 어젯밤의 광란 속에 후회
육신을 쇠락케 하는 숙취의 독소 후유증
간혹 금주의 결심을 다지다가도
속박을 받는 환경에서 벗어나고자
스스로의 작심을 파계하는 심중
오늘밤도 술 중독에 빠져 잘도 마신다

정든 옛 노래

흐르는 것은 물길만이 아니라
늦가을 밤 떠오른 옛정도 흐르더라
피어나는 것은 꽃들만이 아니라
잊힌 사랑도 밤안개로 피어나더라
이룰 수 있었는데 단념하며 끝났기에
아쉬움으로 가득 회한으로 남은 옛 님
오늘 밤 못다 한 세월의 무게를 딛고
마음 한 켠에 그리움으로 승화된 타인
서해안 바닷가에서 불렀었던 그 노래
다정히 앉아 속삭이듯 부르던 음절
잊힐 듯 잊히지 않는 추억의 이름으로
오래간만에 다시 부르는 유행가
지그시 눈을 감으면 다가오는 그 얼굴
익숙한 리듬에 내 목소리를 실어
순수했던 청춘시절을 떠올리며
그 시절로 돌아가 불러보는 옛 노래

세 번째 눈물

나에겐 아직도 그 기억이 선명해
너에게 첫 선물을 준 게 무언지
가난한 마음에 모자랐던 소양
왜 그런 무성의한 선물을 한 거지
어제처럼 또렷이 각인된 그 가을밤
너에게 첫 번째 눈물을 흘리게 한 행위
하얀 볼에 흐르는 무언의 표현
왜 그런 씻을 수 없는 아픔을 주었지
세 번째 눈물을 흘리게 한 후의 이별
까닭을 묻지 않고 외면한 싸늘한 응징
변명을 하지 못하고 허공을 향한 눈길
추억만 가득 안고 제 갈 길로 향했지
이년이란 세월이 흘러간 뒤의 재회
그 밤 마지막 너무 모습이 떠올라
손을 맞잡을 수 있었지만 포기하고 만 놈
떠나는 차 안에서 날 바라보던 젖은 눈

가을 그 집 앞

이맘때쯤이면 찾아가는 추억이 서린 길
갈바람을 맞으며 옛길을 가는 이 몸
세월이 흐를수록 변해가는 동네 길목
희망에 부풀던 길을 밟고 가는 내 발자국
소슬바람에 흔들리는 메마른 가지
어둠이 내려앉아 야화만이 반기는 적막
사진을 찍던 그때가 떠오르는 타인의 집
어디선가 들리는 듯한 그 시절의 환청
떠난 뒤에 소중함을 알게 된 뒤늦은 감정
음울한 밤 추억을 일깨우는 저 초승달
이루지 못한 아련한 저편에 헛된 꿈
서늘한 공허가 감도는 허전한 그 집 앞
오래도록 그를 향한 애잔한 시를 썼으나
전하지 못한 헤어진 후의 애틋한 심정
언젠간 읽게 되길 바라는 진심이 담긴 시
희미한 외등이던 나 그가 배경이 된 시어

외사랑 연모

달이 밤안개에 가려져 보이지 않는다고
저 하늘에 달이 사라진 게 아니듯이
흐르는 세월에 희미해졌다가
다시 떠오를 물기 머금은 영롱한 눈빛
둥근달이 초승달이 되었다가
어둠을 불살라먹고 다시 보름달이 되듯
적적한 밤 추억에 잠겨 되살아나
마지막으로 본 그리운 그 눈동자
내 마음에 문을 활짝 열어놓고
닫지도 않은 채 떠나버린 연모
가슴을 저미게 하는 그때 뒷모습
이 밤을 외롭게 하는 기억의 편린
옛사랑이여 과거 속의 그대
아득한 그 시절 별빛 아래 속삭임
고독을 껴안은 아롱지는 회억이여
사랑에 구원을 받지 못한 외사랑

창문에 핀 꽃

간밤에 몹시 추워 웅크린 채 자고 나니
냉기로 가득한 방에 희뿌연 유리창
성에로 그려진 꽃 모양의 한 폭
겨울바람의 선물인 양 운치 있는 창
문득 성장기의 겨울이 떠오르는 먼 기억
저 산 너머 구름 사이 그 시절의 옛 창가
세찬 바람을 타고 어둠을 뚫고 몰래 피어
우아하게 창문을 장식한 서리꽃
인위적으로 만들어지지 않은 순수함
동토의 추위가 수놓은 자연스런 현상
일월의 칼바람을 가로 막고 선 창문
바람의 메시지를 전한 몸부림 발자취
밤새 유리창에 순백으로 피었다가
머나먼 태양의 찬란한 햇살을 받아
창가로 흘러내리는 물기로 번져
반나절 피었다가 진 뇌리에 남은 예술혼

가끔은 뛰자

무위도식 바쁜 일이 없는 한가한 일상
건강을 위해 걸으라는 주변의 충고
걷기는 하는데 뛰어갈 목적이 없는 나날
그냥 일정한 거리를 걸어다니는 삶
비교적 건강한 몸 상태가 쇠락할 나이
이상 신호가 감지되는 경고음
내일을 위해 달리기로 한 결심
몸을 테스트하기 위해 가끔은 뛰자
돈 주고 런닝머신에서 뛰는 현실
상쾌한 야외에서 뛰기로 한 자각
단거리를 힘껏 달리는 순발력
강도 높게 숨 가쁘게 시작한 새로운 습관
숨이 턱밑까지 헐떡거리는 생동감
다리에 맥이 풀리지만 그게 삶의 활력소
내 몸에서 잠자는 세포가 깨어나는 느낌
오늘은 여기까지 달리고 난 뒤의 성취감

새가 되었나

어머니 살아생전 휠체어를 타던 초겨울
예사롭지 않은 당산나무 메마른 가지 위
까마귀 세 마리가 반기며 우짖는 소리
한참을 물끄러미 올려다보던 두 눈길
동네 어귀에 늠름하게 서있던 나무
재개발로 인해 단칼에 사라지고
휑한 찬바람만 스쳐가는 빈터
서성이는 발길 그때가 떠나지 않는 생각
잊을만하면 주변을 맴도는 검은 새
편히 살고 있는 집 밖 공원에서 울고
시간 나들이 길목에서도 울고
내 마음속에서도 울고 있는 새
가까이 갈 수 없는 거리를 두고
가끔 나타나 경종을 울리는 날갯짓
영혼을 품고 저 하늘로 떠올라
아마도 어머니는 흑조가 된 게 아닐까

평온한 숲길

뭉게구름 두둥실 떠있는 청천 하늘가
산들바람에 하늘하늘 고갯짓하는 들꽃
한가로이 쉬엄쉬엄 오가는 숲길
지저귀는 새소리에 상쾌한 마음
아름드리 무리져 솟은 소나무 군락
싱그럽게 돋아난 푸른 잎에 붉은 꽃
화사한 꽃과 조화를 이룬 수풀
아무 근심 없이 물끄러미 바라보는 시선
자유로이 모이를 쪼아먹는 새들의 몸짓
떼지어 허공으로 비상하는 날갯짓
햇살 가득히 초록으로 뒤덮인 자연풍광
정서에 안온함을 주는 산자락
아무도 없는 고요한 숲길을 거닐며
오래간만에 누려보는 평화로움
정겹게 흘러내리는 시냇물 소리
저절로 콧노래를 흥얼거리는 오후

이마에 주름

각박한 세상살이에 떠밀리다가
무심히 거울 속을 마주한 내 얼굴
가슴엔 이루지 못한 사랑이 남아있는데
어느새 늘어난 주름 나이테
관념은 아직도 성장중인데
풍파에 찌들어 드러난 흔적
갈 길은 저 먼 곳에서 손짓하는데
산 만큼 아로새겨진 인생의 물결
어쩔 수 없는 나약한 육신
세월의 흐름에 점점 깊어지는 잔주름
웃고 울다가 현실 앞에 서니
자각하게 되는 나의 위치
긴 세월 햇살과 바람을 맞고 자란 주름
머리로 깨달은 지혜는 부족한데
깊게 자리를 잡은 인생 계급장
탄력 잃은 육체만 시들어 간다

살아 있는 기

혼자만의 강박관념에 깊숙이 빠져
내면에 울타리 치고 고립되는 게 인간
불굴의 집념으로 테두리를 벗어나
강건해질 수 있는 것도 인간의 범주
인생이란 새벽에 안개 낀 숲 같아서
예기치 않은 일들이 벌어지고
헛디뎌 수렁에 빠지기도 하지만
벗어날 잠재력은 누구나 있는 생존
눈빛을 보면 그 사람의 상태를 알 수 있듯
빛나는 총기가 이글거리는 자
추락한 최악의 상황을 맞이해도
살길을 찾아가는 기를 소유한 자
위축되어 체념하면 몸의 기가 사라지고
꿋꿋이 정기를 모으면 살아 숨쉬는 기
인생이란 거듭되는 반전의 드라마
최후에 웃는 자는 기를 내뿜는 자

상상 끝에
비상

2부
숨어있는 자

절규 유작시/ 내 영역 찾기/ 숨어 있는 자
지는 법 터득/ 을지로 문학/ 한누리와 나/ 시상의 여백
영혼과 육신/ 잊혀졌던 길/ 꿈길 밖에 너/ 옛사랑 석자/ 강물이 되어
청계천 물길/ 낙조에 잠겨/ 대학로에서/ 떠도는 외길
그 시절의 시/ 장기표의 길

절규 유작시

가다듬은 최후의 정신 혼신을 다해 쓴 시
흔적을 남기고 떠난 망혼의 여운
삭풍 이는 어둠 속에서의 진정성
생존의 끝자락까지 시를 쓰고자 한 신념
숱한 밤을 오롯이 시를 쓰며 보낸 세월
숙명적인 외로움을 부둥켜안은 한평생
다가오는 검은 그림자의 손길에 붙잡혀
끝내 뿌리치지 못하고 만 절명
마지막까지 핏빛 유작시를 써
애절히 지인들 심금을 울려놓고
못다 한 비운의 생을 뒤로한 채
저 우주공간으로 사라졌는가
정든 사람들이 그대 이름을 부르는데
추적추적 비에 젖은 지상을 떠나
한 줌의 재로 사라진 원혼
머나먼 하늘 끝 신성이 되어 버린 술친구

내 영역 찾기

인간은 무궁무진한 가능성을 지닌 존재
긍정적인 재능을 부여받고 태어난 삶
진일보하기 위해 헤매 도는 방황
본인이 잘 할 수 있는 분야를 찾는 게 목적
금전 만능주의란 허구의 틀을 깨고
꺾이지 않는 확실한 신념을 갖고
선택의 기로에서 영혼에 귀 기울여
이내 갈 길을 찾아가야 보람찬 인생
경계인의 시선으로 바라보는 세상
뒤늦게 깨닫게 된 내가 가야 할 길
내 머릿속 영역에 엉켜 있는 단어
진실을 바탕으로 전력을 다해 쓰는 시
비범하지 못한 내가 영혼에게 건네는 말
기왕에 가고자 한 길 한계까지 가보자
가파른 인생길 돌고 도는 지상의 혼돈
그나마 잘 할 수 있는 건 시 쓰기뿐이잖아

숨어 있는 자

깊숙이 박혀 있는 광석 숨어 있는 금맥
오지에 묻혀 있는 다이아몬드
자연에 숨어 빛을 발하는 원석
어딘가 있는데 드러나지 않는 광채
원석을 발굴하여 움켜쥐려는 군상들
깎고 다듬어 세련되게 포장하는 상품화
개인의 소유물로 간직되는 보석
잔칫날 치장을 한 장신구로 전락한 빛
저마다 돋보이려고 튀는 세상
가치 없는 시를 포장하려는 허구
시를 예리한 칼날처럼 여기지 않고
앞잡이 역할로 착각해 나대는 하수들
문단에 호적이 없어 자유로울 수 있는 자
정직한 시문학의 무한한 순수성
저물어 가는 시문학의 끝자락에 깨달음
울림이 있는 시는 생명력이 길다는 것

지는 법 터득

대립 끝에 시작된 끝장 싸움
승부를 보려고 안간힘 쓰는 인간들
상대방 등 뒤에서 칼을 꽂으려는 비열함
수단과 방법을 가리지 않는 복마전
경쟁을 뚫고 나가는 경험이 쌓인 자
상대를 제압하는 술수를 습득한 노하우
큰 싸움에서 승승장구해 얻은 전리품
쥔 자가 되기까지의 냉혈한 행동
치고 올라가는 과정만 알고
내려가는 수순을 모르는 인간들
모순덩어리로 전락한 쥔 자의 가치관
대다수 강자들의 비참한 말로
현실을 직시하고 때론 삭혀야 할 분노
명상하고 인내하며 깨닫는 생의 경지
최후의 승자가 남긴 교훈적인 발자취
한 발 물러서 이기는 법을 터득한 지혜

을지로 문학

그 시절 문학의 중심지 을지로를 향해
불나비처럼 모인 창작에 뜻을 둔 자들
저마다 가슴에 사연을 지닌 채
문학에 꿈을 좇던 잡다한 무리
출판사 한누리미디어가 구심점인 집결지
지향하는 글의 영역이 다소 달랐지만
갈 곳이 마땅치 않아 멈춰 선 가객들
담소를 나누며 취할 때까지 꺾이는 술잔
안방인 을지로 건넛방인 인사동을 오가며
함께 어울려 어둠의 시대를 넘던 전우들
불협화음이 일었지만 서로를 의지한 채
패잔병의 상흔을 탈피하려는 동질감
재엽이 경현이 명훈이 봉운이형 중기형
지상에 남은 자는 문우 재엽이와 나뿐
저 하늘로 사라진 그 이름들을 되뇌이며
그들의 망혼을 불러 흐린 날에 쓰는 시

한누리와 나

의지할 곳이 필요한 시기에 만난 인연
시인의 꿈을 키운 젊은 날의 장소 한누리
문인 사랑방인 그곳에서 어울린 문우들
내 시문학의 고향이 된 이정표
친구와 문제가 있었던 건 아니지만
엇갈린 삶에서 발길을 끊게 된 사연
우연히 마주쳐 깨닫게 된 미안한 심정
여전히 웃으며 반기는 변함이 없는 친구
언젠간 마음의 빚을 갚고자 한 생각
빚을 갚을 길은 시를 써 출간을 하는 것
흐트러진 시심을 오롯이 한데 모아
시집을 내며 다시 찾게 된 출판사
마음에 흉금을 털고 마주한 다정한 부부
꺼릴 것 없이 부딪치는 우정의 술잔
예전보다 더 돈독해진 우리 사이
다시 시를 쓸 수 있는 계기가 된 친구

시상의 여백

뒤척이다가 깨어나 잠 못 이루는 새벽
교교한 달빛 뭇별의 눈부신 조화로움
광활한 창공으로 빠져드는 착각
유리벽 너머 날아오르는 시 정신
착란 속에서 무르익은 쓰고자 한 글감
고요한 공간에서 몰두하는 시 쓰기
때가 되어 피어난 꽃처럼 떠오르는 상상
새하얀 백지에 꿈틀대는 문장의 비상
나이를 더할수록 노련해지지만
늙을수록 반감이 되는 의욕
지혜란 살아갈수록 쌓이지만
열정을 상실케 하는 가는 세월
감성의 입구를 들락날락거리는 여명
혼이 깃들지 못하면 파지가 되는 시어
늦게까지 끝을 맺지 못해 앉아 있었지만
남는 것은 쓰다 만 시상의 여백

영혼과 육신

외로움에서 벗어나고자 갖는 친분관계
술잔을 기울이며 실없이 오가는 대화
술에 취해 비틀거리는 육신
무분별한 일상에 피폐한 내 영혼
고독과 권태는 악마의 힘이 작용하는 것
소일삼아 운동을 해 강해져야 할 육신
스스로에게 질문을 하는 자성
계절이 바뀌는데 생의 방식도 바꿔야지
긴 세월 혼돈의 정신상태로 인해
혹사를 당한 피곤한 내 영육
이 정도 건강을 유지할 수 있는 건
타고난 체질 덕분이리라
늦기 전에 내 영육에게 약속하마
쓸데없는 만남을 자제하겠다고
오늘까지 본능에 의해 살았다면
앞으론 진지하게 살아가겠노라고

잊혀졌던 길

이사 간 동네 부근 대로를 지나갈 때
언젠간 와본 것 같은 데자뷰
매일 무심히 익숙하게 걸어가는 길
대추나무 길로 명명된 낡은 건물의 주변
어제 길을 지나다 문득 떠오른 기억
첫 휴가의 마지막 날 십이월의 그 밤
떨어지지 않으려는 그녀의 손을 잡고
아쉬운 심정을 안고 건너갔던 길
늦은 밤 전파사에서 들리던 음악소리
내 마음을 대변하는 선율의 음표
가다가 멈춰서서 겨울달을 보다가
그녀의 눈을 바라보았던 먼 기억
돌고 돌아가는 세상 풍파에 휩쓸려
이곳에서 살게 된 알 수 없는 내 인생
그 시절의 아픈 흔적이 떠도는 이 거리
헤아리기엔 세월의 골이 깊게 패인 장소

꿈길 밖에 너

어젯밤 꿈길에 다시 나타난 너
다정했던 사이로 되돌아가
세월 속에 쌓인 정을 나누며
다정히 손을 부여잡고 있었지
꿈속에서는 여전히 청초한 그 모습
가슴을 활짝 열어 반기며
재회의 기쁨에 수줍음 띠며
해맑게 바라보고 있었지
처음 만났을 때부터 돌아서기까지
세 번 눈물을 흘리게 했던 과오
아직도 마음 한켠에 멍에로 남아
회한으로 점철된 씻을 수 없는 죄책감
잊을 만하면 꿈속에서 다시 만나는 우리
그윽이 바라보는 그대 눈망울
다시는 아픔을 주지 않겠노라고
굳은 맹세를 하는 순간 깬 또 다른 이별

옛사랑 석자

이맘때면 외로워지는 시월 끝에 심중
별들이 잠든 밤 홀로 뜬 조각달
풀벌레 울음소리에 젖어드는 그리움
추억의 수레바퀴를 좇는 아슴한 기억
식은 커피 색깔 같았던 냉정한 표정
한참을 마주하고 앉은 침묵 끝에
제 갈 길로 헤어져 걸었던 밤길
이별이란 덫에 걸려 헤어나지 못한 나날
둘이 걷던 길을 비껴가려 한 그 세월
잊혀졌다가 아물은 상처 위로 떠오른 너
내 정거장을 떠난 뒤 궁금했던 너의 행로
내 영혼에서 떠나지 않는 그 이름 석자
별이 숨은 곳으로 가고 싶지만
은하로 흘러가지 못하는 조각달처럼
되뇌이는 애련의 굴레를 돌며
다시 한번 불러보는 가을밤에 옛사랑

강물이 되어

먼 훗날에 만나자던 너와 나의 약속
긴 세월 이 마음속에 있는 그대
일년에 한두 번 꿈길에서 만나지만
꿈에서 깨면 그리움만 더하는 연모
꿈엔 변치 않은 그 모습이지만
알아 서로 간에 많이 변했겠지
그 시절의 아픔이 아직도 남아있다면
걱정 마라 다시는 상처를 주지 않을게
그에게 진 마음의 빚을 갚으려는 참회
그저 한번 보고 싶을 뿐이야
이승에서 만날 길이 없다면
무지개 뜬 곳 아래서 만나야지
아주 오래 전에 둘이 거닐던 강변
변함없이 흐르는 강물이 되어 만나자
다정히 바라보던 저 강물이 되어
다리 아래로 휘돌아가 재회를 하자

청계천 물길

유유히 흐르는 맑디맑은 물길
찬란한 조형물에 어우러진 중심가
청계천 구간마다 변화를 준 다리
돌다리를 건너는 서민들의 해맑은 얼굴
오리 떼가 한가로이 유영하는 평화
봄 햇살이 물결 위로 빛나는 봄맞이
자유롭게 거니는 환한 표정의 나들이
물길 따라 유유자적 걸어가는 발길
발길이 뜸한 외진 곳에 자리한 억새 숲
다양한 식물들이 자라는 녹색지대
마음의 평화를 담뿍 안겨주는 청계천
삭막한 도시의 쉼터인 오아시스
사십여 년 장막에 갇힌 어둠이었으나
장벽을 부수는 구원의 손길이 뻗쳐
광명을 찾게 된 사연을 담고 흐르는 물길
민물고기 물새들이 공존하는 청계천

낙조에 잠겨

시냇물이 흐르고 흘러 바닷물이 되듯이
세월이 흐를수록 넓어져야 할 관념
삶이란 물줄기가 되어 흘러만 갈 뿐
되돌아갈 수 없는 인생의 법칙
삶의 괴리가 부딪치는 번뇌의 침잠
해결되지 않는 일상에 가로놓인 장애물
한발 물러서도 답이 없는 갈등
이젠 생각을 바꿔야 할 시점
어찌어찌 가다 보니 철 지난 바다
거침없이 밀려와 포효하는 노도
쉼없이 밀려와 포말되어 버리는 최후
인생이란 굽이치는 해안가
지상의 삶이 고뇌 속의 자아라면
저 하늘 어딘가에 편히 쉴 곳이 있겠지
환절기의 바닷가에서 우두커니
상념에 잠겨 바라다보는 장엄미 낙조

대학로에서

혜화동 로터리 지나 동숭동 쪽으로
개천을 끼고 이어진 정겨웠던 길
낙산길 접어드는 입구 문리대 운동장
그곳에서 뛰어놀던 동심
포플러 나무 즐비하게 서 있는 풍경
잡동사니 떠내려가는 개천의 물길 흐름
다리를 건너 목가적 양식을 띤
목조건물 사이로 숨바꼭질을 하던 곳
길 건너 언덕을 넘어 창경궁 가는 길
시계탑 맞은편에 창경국민학교 담벽
외진 곳에 자리한 사라진 벤치
언제나 고즈넉해 자주 앉아 있던 곳
대학로에는 감성에 잠기게 하는 옛 풍류
아득한 성장기가 숨어 있고
사라져 버린 기억 속의 장소엔
향수를 불러일으키는 옛길이 있네

떠도는 외길

호젓한 길을 따라 떠도는 발길
싸락눈이 휘날리는 적막한 길
눈 같지 않은 싸락눈이 된 심정
흰눈이 내리길 바라며 걸어가는 외길
추억이 쌓인 길을 헤아리며 가는 발걸음
계절을 역행하며 내리는 겨울비
찬비에 젖은 나목 되어 서있노라면
외톨이 된 내 신세 빗방울에 아롱지네
자욱하게 깔린 밤의 선물 안개
갈 곳을 잃어 멈춰선 이정표 없는 거리
어디로 갈까 미로 속을 헤매다
희미한 빛을 향해 터덜터덜 걸어가네
내 곁에서 떠나지 않는 끝없는 고독
고독을 마주하며 고독을 헤치며
갈 데까지 가다 보면 머물 곳 있다기에
희망을 찾아서 정처 없이 가네

그 시절의 시

문학이 대화의 중심이었던 젊은 날
시 목마와 숙녀를 애송하던 세 사람
청춘의 흔적이 남아있는 대학로
우리가 어울려 다니던 이 거리
대학로를 벗어나 정릉을 찾았던 오후
개울가에 앉아 담소를 나누던 추억
저 하늘로 떠난 친구가 벌떡 일어나
목마와 숙녀를 암송하던 빛바랜 날
햇살에 반사되어 빛나던 정다운 한 시절
삼각관계의 흐름이 숨어 있었고
그 눈빛이 나를 향한 시선도 느꼈던 그 날
미묘한 감정의 변화가 점철된 옛이야기
그녀는 세월 속으로 영원히 사라졌고
친구는 저 하늘에 잠긴 대학로의 석양
박인희의 시낭송이 환청처럼 들리는 곳
우리들이 어우러진 목마와 숙녀의 길

장기표의 길

조국이 혼란스러운 난세에 태어나
평등사상을 배우고 실천한 한평생
갑을 관계가 불협화음을 일으키는 공존
약자의 편에 서서 살고자 한 굳은 신념
민중이 억압받던 동토의 군부독재시설
이 땅의 민주화를 위해 옥고를 치르며
오로지 이상향을 굳건히 추구해
이 땅의 민주주의를 정착시킨 운동권 대부
살아생전 선생님에 관한 졸시를 썼는데
내가 그 정도는 아닌데 하는 겸손의 말씀
한때 친북 강경파로 잘못 알려진 오해
굳이 변명 없이 포용하던 가슴이 넓은 분
차분한 음성으로 정감있게 대하며
핵심을 꿰뚫고 있는 지적인 혜안의 답
분열로 팽배해진 이 땅에 등불이 되어
저 하늘에서 평안을 누리고 계신 분

상상 끝에
비상

3부
상처의 잔상

가을의 향기/ 졸리면 잠깐/ 유익한 해법
거긴 평안해/ 상처의 잔상/ 밤 기차에서/ 삶의 끝 묘지
낙산에 서서/ 꽃과 인생길/ 언젠간 가리/ 겨울 백사장/ 잊혀지기 전
해장 사우나/ 같이 또 따로/ 생각의 관점/ 가볍게 살기
첫눈 이미지/ 가을의 흐름

가을의 향기

축구에 열광하는 붉은 악마 함성처럼
폭우를 타고 온 가을의 향기
파릇파릇 돋아난 생동하는 풀잎
가을꽃이 만발한 자연풍광
코스모스 하늘하늘 줄지어 선 길가
산들바람에 가벼워진 발걸음
에메랄드빛 하늘에 뭉게구름
생동감을 부여하는 가을걷이
삶에 변화를 주는 사랑하고픈 충동
신선한 바람은 반기는 몸의 체감
가벼워진 발길 기지개를 켜는 반응
초록이 뒤덮인 공원으로 향하는 산보
벤치에 앉아 문득 떠오르는 그리움
그 시절의 장소를 찾아가고픈 생각
계절풍에 감성적이 되는 가을
식물에 둘러싸여 맡는 가을 향기

졸리면 잠깐

간밤에 잡념에 사로잡혀 설친 잠
피로가 몰려오는 나른한 오후
편안한 자세로 다소곳이 기대고
온몸의 신경을 잠재워 버려
몰려오는 감미로운 느낌
나지막한 소음의 변화
무풍지대의 아늑한 꿈나라
쌓인 피로 회복에 으뜸
졸릴 때 잠깐 눈을 붙이면
생활에 활력소로 작용하는 생동력
시간이 모자란 듯 쫓기는 생업
바삐 살아가는 부지런한 사람들
지하철이나 버스에서조차 기대앉아
졸음에 잠기곤 하는 사람들
시시때때로 눈꺼풀이 가라앉을 때
졸음에 잠겨 피로를 푸는 소시민들

유익한 해법

풀리지 않는 일상의 해법을 찾아
수심 늪에서 벗어나려는 삶의 그림자
마음을 다스리려 명상에 잠겨 있다가
백지를 마주하는 본능적인 일과
머릿속에서 뒤죽박죽 꿈틀대는 문장
내 시의 근본은 바람같은 공활함
선과 악을 적절히 조합해 쓰는 시
몰입하다 보면 평온해지는 심신
흔들릴 때마다 위로가 되는 습작
헛되게 살지 않기 위해 선택한 길
꽉 막힌 운명의 벽을 향해
부딪치며 넘어가는 인생이라는 고개
뇌리에 차곡차곡 쌓이는 잡념
불현듯 엄습하는 까닭 모를 불안감
탁한 마음의 연못에서 움튼 시어
번뜩이는 문장을 좇는 유익한 시 쓰기

거긴 평안해

효제초등학교 동창인 윗동네 친구
충신동 굴다리 부근에서 보낸 성장기
고교시절부터 가까워져 어울렸고
첫술을 나누어 마시며 우정을 나누었지
추구하는 길이 전혀 달랐지만
만나면 언제나 즐거웠던 청년기
앞길에 가로놓인 장벽을 넘어
승승장구하며 꼭대기까지 올라간 친구
세월은 서로 간의 갈 길을 엇갈리게 했고
각별한 사이에 틈이 생겨 멀어졌을 때
중병으로 쓰러져 병실에서 신음하던 너
첫 면회 때 알 수 없는 눈물이 맺혀 있었지
담배를 나누어 피우며 쓴웃음 짓던 얼굴
그 모습이 마지막이 되어 지상을 뜬 친구
니가 하늘로 이사 간 날 비가 내렸어
오래간만에 떠오른 친구여, 거긴 평안해

상처의 잔상

뜻하지 않게 퍼뜩 떠오른 수치스런 잔상
아물지 않은 뼈에 새겨진 아픔의 정체
고개 저으며 애써 지우려는 응어리
꼬리를 물고 이어지는 연결고리 상처
의식과 무의식 속에 각인된 착란
내 의지와 무관한 과거의 흔적
잊혀질 듯 잊히지 않는 검은 그림자
죽을 때까지 잠재할 과거지사
지우려 애쓸수록 선명해지는 모순
잊혀졌다가 되살아나는 재생
깊게 패인 돌이킬 수 없는 상처
되새기고 싶지 않은 기억의 일기장
청소년기에 저지른 어리석은 대가
증오의 대상에 용서를 떠올리며
불행했던 그때를 치유해야 할 오늘
좋은 생각을 하며 살아가야 할 내일

밤 기차에서

약속된 일정에 맞춰 탄 대전행 밤기차
창밖을 무심히 바라보는 밤풍경
보일 듯이 보이지 않는 어두운 들녘
야경을 배경 삼아 질주하는 목적지
어렸을 적에 가족과 밤 열자를 났던 기억
떠날 때 설레이던 가물가물한 옛날
도착지는 언제나 반가운 외갓집
되돌아올 땐 허전했던 어린 마음
긴 터널을 질주하는 기차선로
스치는 생각을 안주 삼아 마시는 캔맥주
창밖 어둠에 고정된 내 시선
어둠을 뚫고 쏜살같이 달리는 기차
물밀듯이 떠오르는 잡다한 잡념
창밖의 세상은 세월 따라 변해 가도
각인된 헛된 기억은 그대로인 채
달리는 밤기차처럼 어둠을 헤치고 온 삶

삶의 끝 묘지

장지에 도착해 망자의 시신을 묻고
옹기종기 모여 앉아 반주를 겸하는 점심
허기져 허겁지겁 때우는 늦은 식사
가을 햇살이 따사로이 눈부신 오후
잘 정돈된 손때 묻은 가지런한 봉분
잔디가 푸르기 이를 데 없는 묘지
방금 도착한 망자와의 에피소드를 섞어
두런두런 옛이야기를 나누는 담소
긴장이 풀려 두서없이 오가는 대화
실없는 농담 공허한 웃음소리
한평생 끝에 도착하는 종착역
결국엔 이곳에서 맞이하는 종말
삼삼오오 모여 남아 술잔을 기울이며
빈말의 경연장이 되어 버린 묘지
인생의 끝이 먼 남의 일인 양
산 자들은 한치 앞도 모를 생을 논한다

낙산에 서서

이화장이 철옹성처럼 닫혀 있던 그 시절
나무 한 그루 남아 있지 않은 돌덩이 돌산
중턱에서 어두워지길 기다린 어린 날
전세키를 갖고 있는 엄마를 기다린 날들
옛 성터를 복원한 역사가 담긴 성벽
성벽 안으로 들어가 쉬엄쉬엄 오르는 산길
산책하기에 적당한 높이의 낙산
산은 산인데 산 같지 않은 정상
정상에서 시내를 바라보며 스치는 상념
거대한 은빛 물탱크가 있던 지점
대보름 밤 깡통을 돌리던 쥐불놀이 추억
이 지역을 떼지어 돌아다니던 친구들
갈 곳을 잃고 방황하던 그해 겨울
갈 길을 암시해 준 어머니 품속 같은 산
내 영혼에 정기를 불어 넣어준 낙산
민둥산이던 이곳이 명소가 될 줄이야

꽃과 인생길

해맑은 어린이 동심의 미소처럼
도심의 길가에 자유롭게 피어나
완연한 봄날을 알리는 전령사
개나리가 활짝 피면 괜시리 설레는 마음
애잔한 국민시가 저절로 떠오르는 꽃
연분홍 사춘기 빛 가득 담고
이루지 못한 첫사랑이 생각나는 꽃
돌 모퉁이 살포시 성숙한 진달래
담장 너머 동네 공원의 사과나무
슬픈 일화의 꽃말을 지닌 채
방긋방긋 화사하게 꽃망울을 터트려
환생의 꽃잎 속에 핀 사과나무 꽃
휘영청 떠오른 둥근 달빛 아래
풀벌레 벗을 삼아 이슥해질 때까지
이슬을 먹고 절정을 발하는 달맞이꽃
덧없는 인생도 꽃과 같이 피었다 지네

언젠간 가리

스물두 살 때 두고 떠난 그 파도
마음속으로 몇 번을 갔었지만
그리워만 하고 찾아가지 못한 그 바다
추억의 잔재가 남아있을 서해안가
우물이 있는 민박집의 마지막 밤
둥그렇게 둘러앉은 남녀 한 무리
귓전을 울리는 다 같이 부르던 노래
즐거웠던 그 밤 싱그럽던 얼굴들
남몰래 오가는 너와 나의 눈길
눈빛으로 하나가 되었던 해변의 밤
사랑의 꽃이 피어나는 부푼 꿈
시에서 여러 번 표현한 샘솟는 심회
너와 나 사이에 머물렀던 못 맺은 사랑
처음부터 헤어지기까지 아픔을 준 죄
그래서 갈 수 없었던 그 바닷가
언젠간 꼭 한 번 그 파도를 찾아가리

겨울 백사장

파도 끝에 포말로 일렁이는 저 바다
광풍이 몰아치는 아무도 없는 백사장
코끝을 스치는 차디찬 바닷내음
언젠간 한 번은 찾고자 한 이곳
해가 숨은 하늘 밑 홀로 서 있는 황량함
포효하며 달려오는 듯한 격랑
추억만 덩그러니 바람 소리만 가득한 곳
그토록 그리워 찾아왔건만 텅빈 백사장
서성이며 멍하니 바라보는 수평선
지척에 우뚝 선 운치 있는 갯바위
부딪치는 물결에 휩싸인 채
그 시절을 떠오르게 하는 흔적
내 마음을 부여잡던 그 맹세
폐허처럼 버려진 떠도는 추억
그리운 그 시절을 오늘부터 잊자
까마득히 잊혀져 흩어질 철 지난 바다

잊혀지기 전

또다시 떠오르는 잊히지 않는 그 시절
그저 받기만 하고 베풀지 못한 사랑
잊고 싶어도 뒤돌아보게 되는 옛 모습
보듬지 않고 눈물만 안긴 참회
애인보다 술자리를 즐긴 악의 피
내 곁을 떠날 수 없을 거라는 착각
분수를 알지 못했던 어리석음
갈피를 못 잡고 방황하던 젊은 날
그대 마음 안에는 내가 자리했고
내 안에는 그의 그림자만 있던 만남
위선적인 행동을 서슴지 않았고
애태우며 맴돌았던 순수했던 그
떠난 뒤에 비로소 깨닫게 된 소중함
남기고 간 내 안의 커다란 빈 공간
잊혀지기 전 다시 한번 그리워하는 너
전하지 못한 못 다한 애틋한 심회

해장 사우나

각박하게 돌아가는 쫓기는 일상
일이 풀리지 않아 쌓이는 스트레스
취할 때까지 술집으로 도피한 다음날
알콜에 젖은 육체를 회복하러 나선 길
어느덧 습관화 되어 버린 해장 사우나
겉치레로 포장된 껍데기를 벗고
원초적인 알몸 적나라한 상태
똑같은 모양새로 동질감을 느껴봐
샤워로 온몸을 적시는 스타트
사우나로 직행 쥐어 짜내는 노폐물
세파에 찌든 망상 땀방울로 흘려버려
비누칠을 하는 몸에 새살이 돋는 느낌
쏟아지는 샤워에 온몸을 맡기면
산뜻해진 몸 날아갈 것 같은 상쾌함
숙취가 풀리지 않아 골이 지끈지끈할 때
정신을 해맑게 하는 활력소 해장 사우나

같이 또 따로

밖에 나가 일해야 하는데 들어온 몸
가족들의 따가운 눈초리에 위축된 심사
밖에 있어야 할 시간에 들어온 죄
집에 들어오는 게 눈치 보일 게 아닌데
집에 있어야 하는데 밖에 나가 있는 발길
들어와 있는 식구들에게 걱정을 끼친 죄
집에 머물지 못하고 방황하는 몸
허황된 잡념에 사로잡힌 까닭
나가야 할 때 어깨를 펴고 나가고
들어올 때 망설이지 말아야 하는 삶
언제 나가고 들어오느냐가 화두
시작과 끝이 명확하지 않은 인생
나가야 하느냐 머물러야 하느냐
창가를 서성이며 생각에 잠긴 밤
마음은 나가고 싶은데 머무는 몸
하루에도 몇 번 몸과 마음이 따로인 삶

생각의 관점

빗소리가 구슬프게 들리는 음울한 밤
음악의 선율을 타고 흐르는 아슴한 음표
멍하니 창밖을 내다보는 내 눈길
늘 혼자인 구석진 방에서 공허한 생각
이틀째 달이 떠오르지 않는 밤하늘
목적과 말을 잃어버리게 하는 어둠
정든 사람들은 세월 속으로 떠났고
내 곁에 남은 것은 영혼과 그리움뿐
우계의 밤 무력감에 휩싸인 울타리
이제는 희망을 접어야 할 단계
웃을 일이 없지만 울 일도 없는 인생
공간에 갇힌 듯 행동반경이 좁아진 영역
사람들을 외면하면 고립되고
만나면 불협화음이 끊이지 않는 악순환
이미 소외감에 익숙해져 버린 삶
스스로 위로하는 혼잣말 마음 가는 대로

가볍게 살기

돌이켜보니 고독하고 암담했던 나날
시를 벗삼아 가파른 언덕을 넘던 발길
홀로 머무는 방에서 버둥대며
시를 부둥켜안고 공상을 하던 덧없음
권태를 술기운으로 누르려던 숱한 밤
어둠을 견디지 못해 마시던 자학
삶의 정도를 깨닫지 못한 어리석음
술을 도피처로 삼아 비틀거리던 발길
요즘엔 쓰고 싶을 때 몰아치기로 쓰는 시
자아의 모퉁이가 보이는 삶의 변화
이젠 술에 의존하지 않아도 돼
스트레스를 견딜 수 있는 생활의 노하우
지나간 과정은 현실을 위한 디딤돌
남은 삶에 원동력이 된 축적된 경험
긍정적인 일상 가볍게 살기로 바꾼 습성
변해 가는 세상의 이치를 받아들이는 삶

첫눈 이미지

온 사위가 정적에 휩싸인 고요한 어둠
무수한 흰점을 수놓는 밤하늘의 낙하
자정쯤 온누리를 뒤덮는 순백의 선물
청순한 이미지 순결의 표상인 듯한 첫눈
공중에 눈으로 떨어져 쌓이는 설야
가볍게 사뿐히 내딛는 걸음걸이
어둠을 덮으며 하얀 눈으로 점령한 설원
백색 도시가 되어 버린 서울의 설경
뒤늦은 귀가를 재촉하는 행인들
동화 속 눈사람 형상이 되어가는 모습
한때는 낭만적으로 바라보던 첫눈
대지의 불청객으로 변해 버린 그 세월
첫눈 반기는 감흥을 잃어버린 지 오래
갈래갈래 휘날리는 옛이야기
피어나지 못한 앙상한 가지의 눈꽃
추억 속을 거닐게 하는 겨울의 꽃 첫눈

가을의 흐름

가을을 유난히 반기는 내 마음
결실의 변화가 생동하는 초록의 계절
은행잎 떨구는 거리에 서성이는 감성
단풍잎이 물들면 산으로 향하는 발길
소재가 고갈되고 한계를 느낄 때
가을 속에서 실마리를 찾는 나의 시
태어나 보약을 먹어본 적이 없는 나
가을은 삶에 의미를 부여하는 약
가을 속에선 삶에 활기가 넘치고
술을 자주 마시게 하는 계절 안주
가을의 낭만 쓸쓸히 거니는 고궁 뒷길
주로 가을에 성장을 한 나의 관념
가을 하늘에 심취해 쓸쓸해지는 심중
가을이 사라질 때쯤 뒤돌아보는 인생
가을의 끝에 마시는 입동날의 술
가을을 보내고 쓰는 안타까운 이별의 시

상상 끝에
비상

4부

꽃이 진 나무

시상의 끝에/ 빈 머리끼리/ 그들 선별법
인생 불행론/ 뒤늦은 속내/ 동묘 나들이/ 삶과 시와 나
봄날의 강변/ 맺힌 그 눈물/ 목련꽃 애가/ 꽃이 진 나무/ 본능 목적지
고독에 빠져/ 금지된 그 길/ 신념을 갖고/ 새벽 창가에
화사한 봄꽃/ 넌 빠져란 말

시상의 끝에

재능에 상념과 몰입의 조화로 쓴 시
굳게 닫힌 시의 문을 열려는 상상력
성문 앞에서 늘 서성거렸지만
성안으로 들어가지 못하는 한계
그토록 시의 심장을 찾으려 했지만
시의 발바닥 언저리에서 헤매인 반평생
애착을 갖고 끊임없이 쓰다 보면
언젠간 중심 부근에 갈 거라고 여겼지
마무리 짓지 못해 쓰다 만 미완성 시
무뎌진 감성으로 개작을 하는 시심
간신히 시집에 실을 수 있을는지
마지막으로 몰두하는 시의 불꽃
은둔해 있다가 도약을 하지 못하면
미련 없이 발길을 끊는 게 올바른 선택
바닥을 보이며 머무르려 한다면
비참하게 깨지는 말로를 맛보리라

빈 머리끼리

오래 전 술자리에서 군대 친구에게 묻는 말
그 친구 형량이 어떻게 될 것 같아
죄질이 나빠 중형이 선고될 거야
결론만 물어보는 질문 내가 뭘 알아야지
야 금리는 결국엔 월가가 결정하는 거야
국내 금융계는 허수아비 꼭두각시야
뜨악한 표정 지으며 부정하는 친구
내 말에 정면으로 발끈하는 반문
골이 빈 걸 서로가 잘 알면서
어깨에 잔뜩 힘이 들어간 허세 양반
왜 그렇게 포장을 하고 사는 거야
그러니까 주변에 친구가 한 명도 없지
내 앞에서 가끔 헛소리를 하는 그 시인
그 앞에서 어쩌다 일침을 가하는 독설
그런 불협화음을 단숨에 끊는 방법
단호히 발길을 돌려 버리기

그들 선별법

나긋나긋 부드러운 접근
짐짓 위선을 감추려는 자
얼굴을 자세히 쳐다보면
동공이 흔들리는 한쪽으로 쏠린 눈
범죄자의 눈을 예리하게 쳐다보면
감지되는 살기가 서린 징후
위선을 떨며 애써 숨기려 해도
서서히 드러나는 사악한 눈
허황된 생각 거짓말로 포장한 언변
한쪽으로 치우친 일반적인 견해
편견에 사로잡힌 광기 어린 변명
위기에 몰리면 침묵으로 일관하는 대응
악의 평면성이라는 편견
교묘한 말잔치 뒤에 숨은 양심
신분을 세탁하는 위장술의 대가
세상은 그들의 칼자루에 흔들린다

인생 불행론

행복한 시기는 길어야 삼년
불시에 몰아닥치는 역경
인생을 즐기며 살아야 하는데
낙오되지 않으려고 안간힘 쓰는 현실
목표를 향해 사는 인생길
가식으로 포장된 성취감
때론 뜻밖에 행운이 찾아오지만
한 치 앞도 모를 살얼음판 같은 삶
살다 보면 행복해질 거라며
행복론을 부르짖는 자들
경계가 없는 이상주의자들
삶의 깊이를 통찰하지 못한 것일 뿐
고생 끝에 올라선 희열은 짧고
다시 끓어오르는 꿈틀대는 탐욕
누구나 죽음을 안다고 하지만
나는 안 죽을 것 같기에 불행한 인생론

뒤늦은 속내

추풍의 선선한 바람에 흔들리는 게
찬란하게 핀 가을꽃들뿐이랴
하늘 향해 우뚝 솟은 포플러 갈잎
파고드는 바람의 유혹에 흔들리는 가지
뿌리치지 말라고 간절한 눈길로 말하며
닫힌 내 마음을 들쑤시는 그 사람
이미 늦어버린 시점인 것 같은데
어쩌자고 갈피를 못 잡는 붕 뜬 속내
가을비를 맞으며 추억에 젖는 게
상처에서 헤어나지 못한 사람들뿐이랴
등 돌려 뒤돌아보지 않고 떠났어도
죄책감에 떠오르는 씻겨지지 않는 빗속
사랑이란 것은 내 인생에 끝났다고
굳게 다짐을 하고 견뎌온 긴 세월
의식이 뒤바뀐 걸까 저절로 열리는 문
남몰래 일탈을 꿈꾸는 뒤늦은 속내

동묘 나들이

중학교 때 이사와 청소년기를 보내고
주민등록증을 발급받은 동묘 앞 동사무소
창신 사거리를 중심 삼아 활보하던 거리
군 전역 후 이사를 간 또 다른 고향
따분하고 갈 곳이 마땅치 않을 때
사시사철 아무 때나 마실을 가는 곳
내 눈길이 이리저리 분주해지는 터
거리 곳곳에 마주치는 익숙한 얼굴들
실없이 오가는 안부를 묻는 대화
근황을 전하며 마시는 커피
중학교 때 통학로인 동묘 담장길
오늘도 걸어가는 추억이 어린 길
북적이는 인파 활기찬 생동감
여유롭게 쇼핑을 하며 들뜬 행인들
서울의 명소로 자리매김을 한 동묘시장
발길을 돌려 샛길로 향하는 느긋함

삶과 시와 나

시문학에 뜻을 둔 무지한 습작기
멋진 시를 쓰고 싶었지만
속으로 부글부글 끓기만 했던 청춘
머릿속을 빙빙 돌기만 한 실마리
멀고 먼 계단을 밟고 올라가듯이
시에 대한 관심 끝에 기초가 쌓이자
가슴에서 펑펑 터트리는 문장
비로소 제대로 쓰게 된 시리즈 장르
역경의 고비를 넘어설 때마다
백지에서 저절로 꿈틀대는 주제
때가 되어 화산의 용암이 분출하듯
가슴에서 솟아오르는 간결한 문장
원하는 시를 쓰기 위한 조건은 번뇌
잿더미 속에서 찾아야 할 시의 불꽃
등 따뜻하고 편안하고자 하는 본능
고통 없이 성취를 이룰 수 없는 시문학

봄날의 강변

포근한 햇살 아지랑이 스멀스멀
상쾌한 봄바람이 얼굴을 스치는 강변
정겹게 들리는 귀에 익은 음악
사뿐히 내디디는 가벼운 발걸음
산뜻하게 가꾼 한강 공원의 새 단장
꿈을 펼치라는 듯 탁 트인 시야
다가오듯 지나며 물살을 가르는 유람선
유유히 떠가는 그림 같은 풍경
교각 아래 물살은 휘돌아가고
울긋불긋 함초롬히 핀 봄꽃의 향연
정서에 포근함을 안기는 봄의 태양
강물과 조화를 이루어 아름다운 강변
쉼터에서 누워서 본 파란 하늘
대자연의 뭉게구름 아득한 저편
영원히 갈 수 없는 천국인지
몽상에 잠기게 하는 저 하늘가

맺힌 그 눈물

그녀와 나란히 앉아 있는 해변의 벤치
비감한 눈길로 바라다보는 서해바다
비릿한 내음이 불어오는 해풍
머리카락이 흩어지는 긴 침묵
무지개가 잠긴 검붉은 하늘 아래
눈치를 보며 멀어지려는 자리
수심이 가득한 그 얼굴 그 표정
비겁하게 이별의 비수를 꺼낸 나
계절이 바뀌기 전에 다정했던 우리
저 바다를 배경 삼아 했던 언약
변심에 절망을 하고 있는 그
그저 줄담배만 피우고 있는 나
한 마음이던 정이 돌아서는 자리
사랑을 했던 그 눈에 눈물이 맺힐 때
슬며시 고개 돌려 낙조를 바라보던 놈
사랑만 빼먹고 내뱉은 부메랑 된 이야기

목련꽃 애가

목련이 피기까지는 진정한 봄이 아니야
오가며 따스한 눈길로 바라보던 목련나무
주변을 서성이며 춘정이 무르익은 봄밤
학수고대하던 목련이 피어났지
갓 돋은 청초한 탐스러운 하얀 몽우리
메마른 심중에 자리 잡고 핀 화사함
그토록 기다린 목련은 만개했는데
가슴엔 씁쓸한 향기가 맴도는 어긋남
며칠새 애처롭게 떨어지는데
목련 같은 그대 눈물을 흘리는 봄날
낙화하는 꽃잎 흩어지는 애가
피고 지는 게 꽃만이 아니듯이
애틋했던 우리의 사랑도 사라져
봄바람에 자취 없이 휩쓸려 간 그대
그런 이미지를 남긴 채 추억 속에 갇힌 너

꽃이 진 나무

내 눈에 돋보이는 우아한 한 그루 나무
아무도 모르게 내 마음에 자리한 그대
눈길이 가며 듬뿍 물을 주는 애호
나무에 꽃이 피고 생기가 도는 화사함
푸르른 날 싱그럽게 피어 만발한 나무
주변을 맴돌며 그지없이 행복한 나날
계절이 바뀌고 다정했던 날도 가고
세찬 바람에 시들어 가는 나뭇잎
떨어지지 않으려 팔랑대는 잎이 보기 싫어
냉정히 등 돌려 거리를 둔 외면
어느 날 무심히 먼발치서 보았는데
잎이 진 앙상한 가지만이 휘청이는 자태
잊고자 하면 끝난 줄 알았는데
초라한 나무가 애처로워 보이는 꿈속
그 후 나무 곁으로 가 자주 서성였지만
한 번 진 잎은 다시는 피어나지 못했지

본능 목적지

산등성이를 성큼성큼 앞만 보고 오르면
산세를 세심하게 즐기지 못하지
쫓기듯이 치고 올라간 정상
하산할 때도 습관을 버리지 못하는 보폭
경쟁자들보다 앞서가려는 본능
본능을 누르는 게 어려운 문제
본능에 따라 살다 보면 속물이 되어
위기에 빠져 추락하기도 하지
올라가기 전 낮은 데서 바라보는 산
선명하게 보이는 가야 할 목적지
마음을 비우고 주변을 살피며 오르면
자신의 위치를 파악할 수 있는 신변
본능적으로 오르려고 무리를 하는 욕구
현실과 타협을 해야 넓어지는 가치관
본능을 누르는 데 익숙해지면
삶의 의미를 깨닫게 되는 혜안을 얻지

고독에 빠져

어둠이 사라지지 않는 늪에 빠진 자
허우적거리며 헤매 도는 표류
어쩌지 못하고 떠도는 심혼
벗어날 방법을 찾아 쥐어짜는 잔머리
날이 갈수록 좁아지는 공간에 갇힌 느낌
지친 어깨를 짓누르는 삶의 무게
어둠에 둘러싸인 진창길을 벗어나
햇살 비추는 대지에 당당히 서고파
즐거웠던 지난날의 깨져 버린 기억
탄식 되어 한숨만 나오는 긴 음영
이슥한 밤 저 달빛만이 구원의 손길
애타게 쳐다보는 핏발선 눈동자
새벽어둠이 짙으면 짙어질수록
어김없이 여명이 움터오기 마련
많은 걸 잃고 장막에 갇혀
생의 반전을 꿈꾸는 고독한 남자

금지된 그 길

곧장 가서는 안 되는 육체의 길
내게는 산등성이처럼 가파른 길
욕망을 앞세워 가고자 하는 본능
어긋날 수밖에 없는 금지된 길
모자란 수양에 시험에 든 심사
눈을 질끈 감고 냉정해야 할 상황
끊기듯 끊기지 않는 잔정을 묻고
야멸차게 눈길조차 외면해야 할 사람
다정히 말을 건네며 유혹의 미소 짓는 그
한발 두발 시련에 흔들리는 발길
가다가 멈춰 서고 멈췄다 다가서는 길
간다고 해도 갈 수 없는 함정의 길
때론 단단히 결빙된 얼음장 같은 내 마음
언 곳이 해빙기에 와장창 무너지는 심사
선한 마음을 누르는 부도덕한 내 마음
갈등의 기로에 선 멈춰 서 있는 사잇길

신념을 갖고

온화하게 생겼는데 왜 저래 하는 평판
반골 기질이 몸에 밴 성격
끊임없이 흔들리는 삶에 맞서
좌충우돌 돌파하며 꺾이지 않는 신념
단정한 겉모습으로 포장된 외모
칼 같은 자존감을 숨겨둔 속내
극과 극으로 치닫는 마음속 조화
영혼과 육체가 상호작용해 이끄는 삶
혼돈의 늪에 빠져 허우적거리는 인생
내 영혼에 귀 기울여 벗어나는 암흑의 늪
강직한 사고방식을 갖고 가는 길
온갖 유혹을 뿌리치고 살아온 자제력
변치 않는 가치관을 갖고 살고자 한 삶
지금까지 나만의 방식으로 견뎌온 삶
육체의 본능을 단호히 거부하며
순수를 희망 삼아 살아가는 나날

새벽 창가에

화장실을 가려고 비몽사몽 깨어난 새벽
어스레한 들창가에 어른거리는 검은 형상
일렁이는 파도처럼 밀려오는 듯한 착각
나뭇잎이 세찬 바람에 흔들리는 현상
가로등 불빛에 비쳐 어른거리는 실루엣
휘청거리는 나무 그림자가 흔드는 야밤
안도하며 창가로 다가선 걸음
때론 섬뜩하게 느껴지는 어둠 속의 야경
이사 온 첫날 밤에 느꼈던 강렬한 혼돈
방 세 칸을 옮겨 다니며 잠 못 들던 밤
나 이외에 누군가 머물고 있는 듯함
화장실에서 마주친 머리끝이 솟는 경험
이해할 수 없는 일이 벌어지는 괴이한 집
숨바꼭질하는 듯한 의문의 그림자
같이 머무는 듯한 보이지 않는 그림자
마음을 열고 공존을 하면 그뿐인 기개

화사한 봄꽃

비가 그친 후 햇살 가득히 비추는 봄날
남산 팔각정을 향하여 오르는 발길
종속되지 않은 자연에 군락을 이룬 꽃밭
우아하게 빛을 발하는 울긋불긋한 미
저마다 앞다투어 핀 봄꽃들의 만개
탐스러운 꽃송이에 감탄이 이는 탄성
뿌리를 내려 오롯이 자리를 잡고 핀
산기슭에 화사한 자태를 뽐내는 꽃들
지난 겨울 모진 풍파를 견뎌내고
봄꽃이 절정을 이루는 이맘때를 기다려
꽃말의 상징을 갓 핀 꽃으로 발하며
솔솔 신선한 내음의 봄꽃들의 향기
남산 주변을 산책하며 즐기는 풍광
하늘을 여유롭게 바라다보는 평화로움
주변을 둘러보면 어딘가에 피어 있는 꽃
하루에 한 번쯤은 꽃향기를 맡자

넌 빠져란 말

술자리에서 동창생 친구가 하는 말
넌 빠질 거지, 그래 영원히 빠져 줄게
난 그렇게 허접스레 살고 싶지는 않아
술 깨면 후회할 짓 일말의 내 자존감이야
어느 날 휴대폰이 울리는 시그널
오래도록 반가웠던 익숙한 번호
받지도 않는데 왜 자주 연락을 하는 거지
돈만 많으면 다냐 절연한 오랜 친구
나만 달랑 빼놓고 놀러간 가족
그것도 한두 번이 아니었는데
학교에 입학하기 직전의 겁먹은 어린 날
이 나이 먹도록 남아 있는 또렷한 기억
오빠라고 부르지 않는 두 살 어린 여동생
부모님이 돌아가신 후 연락하고 살자고
말없이 등 돌려 냉혈한이 되어 걸어간 길
그게 마지막인데 마음이 무척 아팠지

상상 끝에
비상

5부

탐욕의 무리

나만의 약속/ 존재의 말로/ 탐욕의 무리
해맑은 길로/ 내 보금자리/ 신당동이야/ 가을이란 병
잡다한 상념/ 불 꺼진 철길/ 가을아 안녕/ 꽃이 진 자리/ 숨어버린 별
보람찬 목적/ 군대 친구들/ 불안한 인생/ 모친의 소망
쓰고자 한 시/ 삶에 적응력

나만의 약속

내년에 시집을 내자고 굳게 다짐한 각오
기왕에 낼 거면 올해에 끝내 버리자
내 자아를 다독이며 집중을 해
부지런히 쓰다 보면 결실을 맺을 거야
당분간 대학로에 발길을 끊어야 할 때
내 시의 뿌리가 박혀 있는 마음의 고향
그곳에 가면 술을 마시게 되는 일탈
술을 줄여야 할 나만의 약속 때문
뚜렷한 가치관이 있던 건 아니지만
살다 보니 홀로 사는 데 익숙해져 버린 삶
굳게 잠갔던 미묘한 사랑의 문
활짝 열어 놓고 자유롭게 살자
새해를 지나 마음을 여는 또 하나의 약속
아등바등 악착같이 살아서 뭐하나
뜻대로 그리 쉽게 되는 일이 없는 세상
한발 물러서서 순리대로 살자

존재의 말로

삶은 만남과 이별이 되풀이되는 과정
상처를 주고받다가 깨닫는 인생역정
엇갈린 발자취로 아득히 사라진
잊을 수 없는 그리운 얼굴들
산다는 것은 상실감을 견디며
하루 또 하루를 맞이하는 역로
지혜로운 생각을 거듭하다 보면
고뇌의 바다에서 벗어날 수 있는 존재
삶은 끝없는 정진의 긴 여정
염두에 둔 목적에 다다라도
한 단계 더 올라가기 위해
목표를 찾아 부단히 노력하는 굴레
되돌아올 수 없는 시간 속의 삶
불태우듯이 소멸되어 버리는 인생
생의 섭리를 찾아 해매다 맞이하는 말로
인생이란 연극 무대에서 막을 내리는 끝

탐욕의 무리

사랑을 빙자한 만남을 갈구하는 간악함
주체하지 못할 욕망이 가득한 자들
행위를 전제로 한 솟구치는 욕정
진정한 사랑의 감정이 결여된 그들
끼리끼리 뭉치는 야행성 불나방 기질
술과 음악에 빠져 유흥을 즐기는 야밤
위선으로 교묘히 포장을 한 언행
쾌락만 즐기고 의무를 다하지 않는 자들
사랑이란 깃발 아래 음흉함을 숨긴 채
혈관에 악의 피가 흐르는 자들
이해할 수 없는 언행을 반복하는 본능
자기합리화에 몰입된 파렴치한 사고력
같은 세상에 살면서 다른 세계의 집단
결단코 행복해질 수 없는 사악한 무리
인생 끝까지 변하지 않을 교활한 가치관
죽음 문턱에서도 참회를 하지 않을 자들

해맑은 길로

사회란 짜여진 틀 안에 갇혀
퍼드득 날갯짓하는 새장 안의 새처럼
권태를 유발하는 아귀다툼 늪에서
아등바등 움켜쥐려고 살아온 나날
이렇게 사는 게 참다운 길이 아닌데
문득 깨달아도 실천하지 못하는 삶
애초에 가고자 한 내 갈 길이 아닌데
시류에 물들어 속물이 된 내 영혼
시행착오를 반복하며 살아온 나날
앞서가기 위해 숨차게 달리는 인생
돈에 관련된 사심 채우지 못한 욕심
신기루처럼 가물거리는 목적지
손아귀에 움켜쥐면 쥘수록
욕구는 뜬구름처럼 부푸는 어리석음
한도 끝도 없는 모자란 마음
언제쯤 벗어나 해맑은 길을 찾을까

내 보금자리

이사 간 첫날 밤 누군가 머무는 느낌
새벽 화장실에서 겪게 된 이상야릇한 일
거울에 비친 강렬한 소복 실루엣
마주 바라보다가 스르르 사라지는 형상
밤이 되면 엄습하는 서늘한 느낌
불이 저절로 꺼졌다가 켜지는 현상
내가 잘못한 것도 없는데 왜 이러지
마음을 열고 받아들이자 편안해진 일상
동네 작은 공원 담장과 마주한 마당
시선은 늘 공원을 향하는 눈길
사시사철 나무가 반기는 주변 환경
자연과 어우러져 호흡하는 안정된 일상
계절의 변화를 몸소 느끼게 하는 식물들
자유롭게 홀로 살기에 적합한 보금자리
떨어진 나뭇잎을 쓸며 시작하는 하루
공원 뒤에 고즈넉이 숨은 햇살 비추는 집

신당동이야

잊은 지 오래지만 한때 인연을 맺은 여자
그 사람이 태어나고 자란 신당동
이십여 년을 이곳에서 살고 있는 연
알 수 없는 내 인생의 정착지
떡볶이의 메카 서울의 명소로 자리한
사대부의 주검의 시신이 나가던 곳
광희문 주변에 남루한 슬럼가
무당집 신당이 많아 신당동이야
암울한 시기에 살 곳을 찾아
바람결을 떠돌듯 헤매다가
운명의 끈이 맺어줘 살게 된
신기가 어린 안락한 보금자리
대추나무길 사이를 오가는 일상
살면 살수록 잔정이 쌓이는 동네 사람들
내겐 시를 쓸 수 있는 영감이 떠오르고
살기에 적합한 여기는 신당동이야

가을이란 병

피부에 와 닿는 신선한 초가을 내음
끊길 듯 나지막한 귀뚜라미 소리
거리에 사람들 옷차림새가 바뀌고
꽃잎 나뭇잎도 칼바람을 맞이하는데
우중충한 잿빛 하늘을 닮은 심정
가슴을 옥죄는 까닭 모를 계절병
착 가라앉은 허무로 인해
중심을 잡지 못하는 외로운 심중
쓸쓸함을 달래러 발길이 가는 술집
마실수록 심란해지는 허전한 마음
당분간 술을 끊고 시에 몰두해
마음에 도사린 어둠을 걷어내야지
단풍잎 물드는 계절을 반기면서도
가을을 앓는 이율배반적인 간사함
넘어가야 할 가을 길은 아득한데
길이 보이지 않는 길목에서

잡다한 상념

아름다운 이별이라니 거품을 문 거짓말
이별은 깊게 패인 슬픈 일일 따름
헤어질 거면 눈길조차 외면해야 할 정
모든 걸 보고 헌신해야 할 사랑의 과제
이내 머릿속에 떠오르는 시창작 의욕
저주받은 시문학의 길을 가는 인생 업보
시심을 보듬어 안고 갈 데까지 가는 길
쓰러지기 전까지 가야 할 운명의 행로
세상을 바라보는 시각이 달라진 걸까
관조하며 소극적이 되어 버린 성향
깊은 밤 저 별이 되고 싶은 꿈이 있었지만
이젠 현실에 순응하며 저무는 삶
광활한 어둠 저 너머 먼 곳의 신비
생이 끝나면 알게 될 산자의 궁금증
끝없는 밤하늘 저 멀리 별들의 속삭임
그건 망자들만의 의사소통이겠지

불 꺼진 철길

불 꺼진 역을 찾아 추억을 밝혔지만
낭만이 사라진 음산한 역사
몹시도 그리워 찾아왔지만
불빛이 바뀐 빛무리가 맞이하는 쓸쓸함
또다시 솟구치는 그 시절의 그대
함께 걸었지만 불안했던 동행
냉정한 얼굴로 뚜벅뚜벅 앞서간 등 뒤
손에 잡힐 듯하다가 멀어져 간 사람
쉬엄쉬엄 거닐며 이곳을 되돌아보니
세월에 묻힌 발자취 흐릿한 기억
흔적도 없이 사라진 그 벤치 빈터
단편적인 그리움만 남는 아득한 저편
무망하기만 했던 덧없는 청춘시대
이별이란 함정에 빠진 빛바랜 날들
텅 빈 역에 어렴풋이 어리는 추억의 잔재
다시는 찾지 않을 내 마음에 불 꺼진 철길

가을아 안녕

헤어지지 않을 수도 있었는데
눈물을 보이며 떠나간 옛 애인처럼
내 마음은 아직도 가을이지만
조락의 잎새와 함께 멀어진 계절
마지막 뒷모습만 영상 되어 남긴 채
갈바람 타고 훨훨 날아간 그대처럼
메울 길 없는 허전한 가슴
입동 바람을 맞으며 걸어가는 발길
쌓인 낙엽이 바람에 휩쓸리며 뒹구는 길
쓸쓸한 가슴을 껴안고 집으로 가는 길
연기 같은 안개를 깊숙이 삼키며
터덜터덜 걸어가는 적막한 길
내 마음은 언제나 혼자였기에
사랑을 할 때도 외로웠던 기억
뜬금없이 되뇌이는 혼잣말
사라진 사랑이여 올가을이여 안녕

꽃이 진 자리

울긋불긋한 꽃들이 흠뻑 젖는 밤
슬픈 비를 바라보는 어둠에 잠긴 발길
비가 올 때면 가끔 찾는 거리
빗속에 옛일이 되살아나는 자리
비가 와 그때 너의 눈물처럼
그 카페에 우두커니 앉아 있어
다정했던 그 자리에 앉아
음악을 들으며 님 그림자를 헤아려
헤어진 그 이후로는 늘 혼자야
텅 빈 내 마음만 품고 살았어
함께 했던 추억에 갇혀 있는 날들
그럴 수밖에 없었던 긴 세월
비가 와 둘이서 거닐던 여기에
지금도 우산 속 연인들이 거닐고 있어
비와 추억을 벗 삼아 그냥 앉아 있어
꽃이 피고 꽃이 진 그 자리에서

숨어버린 별

오늘따라 사는 게 안개 낀 미로 같아
그대와 거닐었던 명동길을 찾은 발길
산다는 게 이렇게 허망한 뜬구름인데
앞만 보고 직진하는 북적이는 인파
따스한 햇살이 가득히 비추던 봄날
여기쯤에서 나를 반기던 그 목소리
꽃을 들고 다가오던 화사한 옛님
해맑게 미소짓던 그 옛날에 그 모습
그 사람은 내가 돌아섰다고 오해했고
나는 그 마음이 변했다고 여긴 그 세월
강산이 변하고 변해 날아온 뒤늦은 소식
지상에서 오래 전에 사라진 그 이름
그렇게 단명한 줄 알았다면
좋은 추억을 안겨 주었어야 했는데
내겐 지금도 청초한 모습으로 남아
밤하늘에 별이 되어 숨어버린 꽃

보람찬 목적

소재가 고갈되어 재탕으로 우려먹다가
한계에 부딪쳐 발길을 끊은 시단
멀어지면 잊혀진다고 시가 사라진 심중
시와 견고한 둑을 쌓고 지낸 시기
내 마음에 어둠의 둑에 갇혀 버린 시심
고인 물은 서서히 썩기 마련
다시는 시를 쓸 수 없을 거라고 여길 때
비로소 수문을 여는 마음속의 착상
자유롭게 창작의 수로를 굽이쳐 돌아
자연과 어우러져 낭만으로 흐르는 물길
산길을 지나 시냇물을 거쳐 강을 향해
유유히 흘러흘러 바다로 향하는 물길
견고했던 둑이 와르르 무너져 버리자
봇물처럼 터져 넘치는 묵혀 있던 시어
이곳저곳을 유람하며 흐르는 시의 길
보람찬 목적이 있는 진취적인 내일

군대 친구들

상주에서 인연을 맺은 새파란 장병들
메밀꽃이 필 때쯤 평창으로 이동한 부대
강원도 산자락을 누비고 다닌 보병들
제대를 해 서울에서 재회를 한 친구들
추구하는 생업의 길이 제각각 달랐지만
각자 원하는 길 정상부근까지 간 성취감
우여곡절을 겪으며 살아온 우리 세대
돈독한 틀로 지금까지 이어진 우정
때론 술에 취해 불협화음이 일어도
금세 풀어지는 꽉 짜인 관계
뒤끝이 없는 소탈함을 지닌 순수함
언제나 가슴 열어 반기는 정다운 벗들
돌고 돌아가는 지난 날의 격동의 날들
서로 간에 속속들이 알고 지낸 그 세월
흰머리가 듬성듬성한 주름진 계급장
남은 인생도 함께할 영원한 전우들

불안한 인생

이 정도면 살만하다고 여길 때
예기치 않게 닥치는 산더미 같은 파고
인생은 즐기면서 살아야 하는데
하루하루를 버티며 살아야 하는 신세
때론 허무맹랑한 희망이나
뜻밖의 행운이 찾아오기도 하지만
그 뒤에 도사리고 있는 벽 같은 난관
한치 앞도 가늠하지 못할 불안한 삶
누구나 꿈을 향해 질주하지만
냉혹한 현실이 가로막는 삶
노력을 하며 미래를 향해 전진하지만
환각의 착각 속에 끝나버리는 꿈
사노라면 언젠간 행복해질 거라고
행복론에 사로잡힌 긍정주의자들
알 수 없는 미로 속에서 헤매는 세상의 길
삶의 깊이를 통찰하지 못하는 인간사

모친의 소망

어머니가 머무는 요양원을 향해
마을버스로 갈아타고 도착한 목적지
보호자 없인 한 발짝도 내디딜 수 없는 몸
내가 가야 벗어날 수 있는 창살 없는 감옥
외출을 하기 위해 옷을 갈아입히고
침대에서 휠체어로 옮겨 앉힌 후
두어 시간의 자유를 누리기 위해
요양원을 벗어나 달리는 휠체어
단골 코스인 재래시장을 유람하며
얼굴에 화색이 돌며 말을 많이 하는 모친
의식이 맑아지면 자주 하는 읊조림
이렇게 살고 싶지 않다는 푸념
기필코 걸어서 내 집에 가겠다는 투정
꼭 집에 가서 죽겠다는 간절한 소망
세상에 둘만 남겨진 외길을 따라
초겨울 바람을 맞으며 복귀하는 휠체어

쓰고자 한 시

야심찬 착각 속에 쓴 첫 번째 시
두려움 없이 발을 들여놓은 시문학
험난한 가시밭길인 줄 미처 모르고
자신감이 차올라 무지함에 시작한 발로
부서진 추억의 부스러기를 바탕 삼아
화려체로 도배한 모자란 시작법
답답한 현실에서 벗어나고자 한 의식
사물에 귀 기울이지 않고 마구 쓴 넋두리
망각되지 않은 흔적 오버랩 된 착란
욕망으로 포장한 한심한 표현력
캄캄한 심연에 빠져 반복된 시의 늪
선과 악의 경계선에서 흔들린 그 세월
리듬을 중요시해 갖출 독특한 문체
상처 난 아픔을 덧씌우는 유려한 문장
연못에 수려한 연꽃처럼 움터야 할 시어
몰아의 경지에서 표현하는 참된 시 쓰기

삶에 적응력

만남에 종말은 사랑에 끝은 별리
별리에 종말은 안녕에 끝은 추억
추억에 종말은 회상에 끝은 흡연
흡연에 종말은 연기에 끝은 허무
허무에 종말은 생각에 끝은 만취
만취에 종말은 혼돈에 끝은 숙취
숙취에 종말은 해장에 끝은 본능
본능에 종말은 습관에 끝은 섹스
섹스에 종말은 과정에 끝은 절정
절정에 종말은 반복에 끝은 중독
중독에 종말은 권태에 끝은 한계
한계에 종말은 절망에 끝은 나락
나락에 종말은 인내에 끝은 극기
극기에 종말은 목표에 끝은 도약
도약에 종말은 관념에 끝은 현실
누구나 희로애락을 겪는 삶에 적응력

상상 끝에
비상

6부

시혼을 향해

물망이 뭐지/ 시혼을 향해/ 단거리와 시
익숙해진 것/ 결혼에 부쳐/ 탑을 쌓듯이/ 물의 발악론
인생이 뭐냐/ 정열과 고독/ 노래 이야기/ 번민의 나날/ 왜 시를 쓰냐
동토의 계절/ 백수의 단꿈/ 사찰 감로암/ 마음에 고향
자아에 생각/ 정상을 향해

물망이 뭐지

어젯밤에 내 마음이 왜 흔들렸을까
까닭도 없이 외로움에 휩싸인 어둠속
번뇌에 잠겨 해매인 막막한 동토 길
갈피를 잡지 못한 두 시간쯤의 방황
솟구치는 술을 마시고 싶은 충동
단골 술집을 갈까 망설이다가
성장기의 길을 찾아간 허전한 밤길
내 그림자만이 반기는 익숙한 거리
느닷없이 물망초가 떠오른 것은 왜일까
봄여름에 피는 청춘을 상징하는 느낌
나를 잊지 말아달라는 사연이 담긴 꽃
옛 애인의 이미지를 닮은 것 같기도 한 꽃
비틀거리는 속세에서 우뚝 서려고
물망을 향하여 소용돌이치던 지난 삶
이루어진 것 없이 목적이 사라진 현실
생각 끝에 텅 빈 집으로 향하던 발길

시혼을 향해

카페의 정적을 깨고 들려오는 소리
명시를 낭독하는 DJ의 음성
내면에 잠재하는 시혼을 일깨우며
가슴에 와 박히는 시의 심금
다시 시를 쓰고 싶은 충동
무의식속 시심이 무르익은 심안
술에 의존해 방황하던 삶
술자리의 끝은 허망하지 않던가
삶의 방식에 변화를 가져야 할 시점
시혼을 향해 진지해져야 할 자아
삶을 진솔하게 담아 낼 수 있는 시
순수의 힘으로 시를 쓰자
권태로운 일상에서 벗어나
다시 부르는 시혼을 향하여
잡념을 떨쳐버리고 영혼에 귀 기울여
시 창작에 몰두해 보는 거야

단거리와 시

대하소설이 마라톤이라면
중단편 소설은 중장거리
서사시를 제외한다면
대다수의 시는 단거리에 속하지
목표를 향해 반복해서 달리는 선수
단거리의 능력은 순발력과 최후의 역주
시의 묘미는 누구나 다 아는 압축의 미
몰입해 써야 한 페이지를 넘어가는 시
기록 갱신을 향해 기를 쓰고 달리는 선수
일그러진 얼굴 역동적인 모습
파지를 쓰레기통에 구겨 넣으며
살아남을 시를 쓰기 위해 밤새워 쓰는 시
육상의 꽃인 단거리의 압권
폭발하는 듯한 가속도가 붙은 스피드
리드미컬한 시의 오묘한 미학
공감대를 형성하는 내면의 일치

익숙해진 것

봄엔 꽃잎에 둘러싸여 살고
여름엔 태양에 지배받아 살고
가을엔 추억에 빠져 살고
겨울엔 사색에 잠겨 살아
봄엔 아지랑이 환상에 들떠 살고
여름엔 파도의 낭만을 즐기며 살고
가을엔 낙화의 의미를 되새기며 살고
겨울엔 설경에 푹 빠져 살아
봄의 으뜸은 돌 틈 사이 진달래
여름의 맛은 시원한 화채
가을의 멋은 낙엽이 깔린 길
겨울의 절정은 홀로 걸어가는 산사
삶의 의미를 부여해 주는 자연
계절이 바뀔 때마다 희망을 주는 풍경
그대는 무엇을 꿈꾸며 사나
살아가면서 익숙해진 것들

결혼에 부쳐

가슴이 부풀은 싱그러운 연인
온누리에 하나 됨을 알리는 축제
사랑의 결실로 둘이 어우러져
새로운 삶을 선언하는 날
행복의 열매가 주렁주렁
아름다운 애정으로 열리게 하소서
장미보다 더 붉고 향기가 오래가는
사랑의 불길을 밝혀가소서
걸어온 길이 다른 두 갈래 길이 합쳐져
동반자가 되어 한 길로 향하는 날
진실로 하나 되는 원앙의 한 쌍
사뿐히 첫발을 내디디는 날
날아갈 듯 가벼운 두 사람의 발길
성스러운 축복이 가득하시길
불변의 애심과 화목한 보금자리 펼쳐
인생의 희로애락 영원히 동반하소서

탑을 쌓듯이

자신이 머무를 땅을 선택해
기초를 튼튼히 다진 후
차곡차곡 탑을 쌓듯이
천천히 한 단계 한 단계 올라가는 거야
가장 밑바닥에서부터
천천히 계단을 밟아 올라가다 보면
모진 시련과 맞설 수 있는 힘이
자신도 모르게 생성되는 거야
외길을 가다가 보면 멈춰 설 때도 있지만
집념을 꺾지 않는다면
언젠가는 목적지에 도달해
벅찬 기쁨의 희열을 느끼게 될 거야
자신이 가야 할 길을 찾아
목표를 설정해 오로지 정진하노라면
난관에 봉착할 때도 있지만
죽기 전에 원하는 성취감을 얻게 될 거야

물의 발악론

목욕탕 욕조에 담겨있는 물
물갈이를 하려고 욕조 밑 마개를 열자
서서히 빠지기 시작하는 물
80%쯤 빠지자 발악하는 물
째질듯이 질러대는 물의 비명
소용돌이치며 빨려 나가는 몸부림
서서히 잦아드는 물의 숨소리
사람이 최후를 맞이할 때와 흡사한 과정
과학적 현상이라고 말하는 사람들
과학만으론 살 수 없는 세상사
모든 사물에 주어진 알 수 없는 영혼
욕조의 물이 빠지며 주는 교훈
단지 눈앞에 보이지 않을지라도
모든 사물은 최후의 발악을 한다는 것
한 치 앞도 알 수 없는 우리의 미래
과학과 영혼이 어우러져야 편안한 삶

인생이 뭐냐

인생이 뭐냐고 답이 없는 질문
누구나 이상을 향한 꿈을 꾸지만
만족스러운 성취감을 얻지 못하고
미로 속에서 헤어나지 못하는 삶
인생이란 벗어날 수 없는 고행의 길
암중모색 끝에 갈 길을 찾지만
다시 수렁의 늪으로 빠져 버리는
빛과 암흑이 반복되는 과정
인생이 뭐냐고 휘돌아가는 가시밭길
가까운 듯 저 멀리 가물거리는 신기루
가도 가도 끝내 목적지에 닿지 못하고
황량한 최후의 역에서 맞이하는 종말
인생의 의미가 도대체 뭐냐고
될 수 있으면 웃으며 지내다가
알 수 없는 밤하늘 저 먼 곳으로
어두운 침묵의 공간으로 사라지는 것

정열과 고독

정열과 고독에 몸부림치던 젊은 날
출구를 찾지 못해 방황하던 캄캄한 시절
고독을 깨는 돌파구로 삼았던 과음
일시적인 현실 도피에 불과했을 뿐
시시때때로 몰아닥치던 권태와 고독
방탕한 혈기 몸속에 역류하던 악의 피
분별력이 없어 상대방과 싸움을 벌이고
대가를 치르는 악순환이 반복된 청년기
정열이 꺾이며 고독에 익숙해지자
때론 외롭고 우울해도 자제되는 충동
내 자신의 정체성을 찾으려는 안간힘
인생 전반기를 넘어가던 분수령 고개
이젠 저무는 삶 남은 정열이란 상상할 뿐
고독 속에 진리를 찾는 인생에 대한 고뇌
정열과 고독은 상대성인 것 같지만
극과 극으로 요동치는 마음 속 한 덩어리

노래 이야기

강요에 의해 가곡을 배웠지만
가곡보다는 트로트가 좋았고
단조로운 트로트보다는
록발라드가 훨씬 좋았지
나이트에 가서 디스코에 춤을 췄지만
디스코보다는 블루스가 좋았고
블루스를 애절히 부르는 여가수보다는
여자 파트너가 훨씬 좋았지
이젠 아무 장르나 듣고 즐기지만
빠른 곡보다는 느린 곡이
흥겨운 노래보다는 슬픈 노래가 좋아
서정적인 가사에 생명력이 길잖아
포크송을 들으면 학창시절이 그립고
록발라드를 들으면 청춘이 떠오르고
랩을 들으면 뭐가 뭔지 이해가 안 돼
시대를 대변해 주는 노래 장르

번민의 나날

내 정신을 압박하는 번민의 나날
삶이 때론 무지갯빛이어야 하는데
세찬 바람이 부는 무채색 거리에서
어둠에 잠겨 한 치 앞도 보이지 않는 삶
마음에 평온을 찾으러 떠난 여행
상심과 번뇌를 묻어버리고
한 줄기 빛을 얻으려고
뱃머리에 서서 바라보는 바다
낯선 바다 풍경 해풍에 흩어진 머릿결
위안을 얻고자 바라보는 수평선
누르지 못한 번민을 훨훨 날려 보내고
삶의 방식에 변화를 주려고 찾아온 바다
뱃전에 넘실대는 물살을 바라보며
위축된 심사를 다스리려 했지만
출구가 보이지 않는 힘거운 현실
내 삶은 어제는 고독했고 지금은 아프다

왜 시를 쓰냐

내 시의 대부분은 술로 씻겨지지 않을 때
마음 한구석에 도사린 주제의 발산
평상시의 평온한 상태가 아닌
정서가 불안정할 때 주로 쓰는 시
내 시의 대부분은 술 마신 다음날
숙취가 가시질 않은 채 휘갈겨 쓴 것
심약해진 심리상태 끝에
선과 악이 부딪치다가 나온 결과
글을 쓰면서 쥔 자가 된 기회주의자들
아웃 사이더들을 손가락질하면서
낙오자인 양 외면하는 그들
시를 쓰는 목적은 그들을 경멸하기 위함
시 쓰기를 강요하는 본능이란 내 자아
삶을 의미 있게 살라는 영혼의 울림
시가 불필요한 시대라고 오해하지 마
참된 시는 길을 밝혀주는 지침서일 터

동토의 계절

겨울은 이미 대지에 와 있었지만
날씨가 처음 영하로 떨어진 아침
숨을 내쉴 때마다 내뿜는 허연 입김
서울 거리에 첫 추위가 몰아닥친 날
겨울은 내게 십이월로 오는 게 아니라
수은주가 영하로 떨어질 때 오는 것
저절로 움츠러드는 몸
행동반경이 좁아지는 겨울
한파가 엄습해 오면 왠지 우울해
암울했던 겨울의 기억이 떠올라
암담하고 막막하게 느껴지는
사계절 중에 가장 긴 혹독한 겨울
이제 긴 겨울의 시작됐는데
철 지난 사색의 계절이 그리워지고
내 마음은 갈 곳을 잃고 흔들려
오래 견디며 살아야 하는 동토의 계절

백수의 단꿈

어둠을 밝히는 촛불이
세찬 바람에 위태롭게 흔들리며
깜박깜박거리며 꺼지기 직전
촛불이 커지는 듯하다가 꺼지는 현상
어둠에 잠겨 있는 방안에 앉아
깊은 생각에 빠지게 하는 촛불 꺼진 방
하찮은 촛불도 꺼지기 직전에는
불빛이 커졌다가 꺼져 버리는 교훈
중환자가 오랫동안 투병생활을 하다가
병세가 깊어 죽음의 문턱에 이르렀을 때
맑은 정신으로 돌아와 유언을 남기고
한평생을 마감하는 삶의 마지막
세상의 사물 이치가 그러하듯이
백수로 살아가는 내 삶도
목적을 향해 보람차게 살다 보면
생을 다하기 전에 빛을 발할 날 있겠지

사찰 감로암

절이 있을 것 같지 않은 옛집 윗동네
버젓이 자리잡고 있는 가정집 같은 절
인사동 거리를 제집 드나들다시피 하던
파계승 중광스님이 생전에 기거하던 곳
대문 입구에 아름답게 휘어진 등나무
늘 괴괴한 정적이 주변을 감도는
무당집 같은 분위기가 느껴지는 절
서울 사대문 안에서 가장 작은 사찰
담장 뒤 사이로 난 좁은 길
어두워지면 인적이 드문 옛길
친척 집을 갈 때 익숙하게 다니던 길
자그마한 바위가 반기는 소년기의 추억
지붕 보수공사를 했지만 그대로인 채
뒤꼍에 밑둥만 남은 베어진 고목
목탁 소리가 들리는 초가을 날 오후
물끄러미 바라다보는 감로암 법당

마음에 고향

서울의 중심 주택가에서
서서히 몰락해 버린 마음의 고향
이차선 길이 들어서며
주택가 중심을 갈라놓은 차도
운치 있는 연못이 있던 자리는
콘크리트 가게로 변했고
내가 살았던 그리운 옛집이
자취 없이 사라져 버린 동네
그 많던 초등학교 동창들은
어디론가 뿔뿔이 흩어져 갔고
낯선 사람들만이 오가는
내 마음에 머무는 옛길
빙빙 맴도는 발걸음을 멈추고
동네 어귀에서 술 한잔 마신 후
쫓기듯 발길을 돌리며
정들었던 이 터를 등진다

자아에 생각

고독에 대한 위안은 술과 담배
절망에 빠졌을 때는 걷고 책읽기의 반복
고뇌 끝에 햇살 받으며 핀 꽃 같은 문장
내 생존의 진정한 의미는 시 쓰기
내 뜻을 펼칠 수 있었던 시라는 장르
내 시의 뿌리가 된 근원은 아포리즘
시를 쓰는 원동력은 깊은 사색
정령이 깃들지 못하면 파지가 되는 글
생각해 보니 청춘은 불꽃놀이하던 시절
흔한 사랑 이별 후에 남겨진 건 추억
죽은 나무에 회상의 잎새 피우는 시
꿈꾸며 이루고자 했던 시의 심상
과거를 받아들이고 현실을 직시하는 삶
깎아지른 절벽에 선 창작의 끝자락
내 시의 무덤을 마음에 만들어 놓았으니
이젠 봉분만 입히면 안녕을 고할 수밖에

정상을 향해

오색찬란한 가을 낙엽이
우수수 눈처럼 쌓이는 가을 산
산 정상은 까마득히 멀기만 한데
어서 오라고 손짓하는 듯한 운무
한참을 오르다가 멈추어 서서
가을 절경에 푹 빠진 사색
한 번 내디딘 발걸음 멈춰 설 수 없기에
숨 가쁜 호흡을 내쉬며 힘겹게 오르는 산
가다가 멈춰 서고 멈췄다가 오르는
굽이굽이 휘돌아가는 낭떠러지 산길
팔부능선에서 하산할 수 없기에
오로지 정상을 향해 오르는 발길
힘에 겨워 주저앉았다가 다시 일어나
비지땀을 흘리며 오르는 산길
하산할 것을 알면서도 오르는 정상
인생길의 축소판인 듯한 산 행군

| 작품평설 |

꺾이지 않는 의지와 시적 자긍심의 결실
― 조성규 시집 《상상 끝에 비상》의 시세계

김 재 엽
(문학평론가, 정치학박사, 『지구문학』 발행인 겸 주간)

1. 들어가면서

우리는 2025년 현재 공상으로 꿈꾸어 오던 상상이 현실이 되는 그런 세상을 살고 있다. 바로 AI가 현실 곳곳에 상용화되면서 상상의 세계가 현실에 그대로 이입됨으로써 인간의 삶이 새로운 세계 속으로 비상하고 있음을 실감하게 된다.

그런가 하면, 고래로 가을을 천고마비의 계절이라 지칭해 왔고 등화가친을 덧붙여 '독서의 계절'이라 칭하며 책 읽기를 권장해 왔다. 그러나 현실적으로 책 읽기 문화는 실종된 지 오래고 그 자리를 스마트폰이 차지하며 이제는 완전한 SNS 천국이 된 듯하다.

아무튼, 책이 팔리지 않는 현실, 특히 시집이 팔리지 않는 상황이 매우 아쉽기만 하지만 조성규 시인이 구축해 놓은 자유시의 정형화라 할 수 있는 16행 시편들을 감상하며 조성규 시인만의 독특한 시적 역량이 돋보이는 시집《상상 끝에 비상》을 일독하면서 비록 16행의 짧은 시적 공간에서 논리의 확장성을 근거로 '기승전결'로써 간명하게 귀결시키는 새로운 시적 묘미에 흠뻑 빠져든다.

어쩌면 시와 시조 고유의 특성 중에서 각각의 장점을 취하여 새로운 장르로써 발현시키는 이른바 자유시 속에 정형화된 내재율을 탑재시키는 조성규 시인만의 시적 역량을 감상하게 된 것이다.

2. 상상의 현실화, 예술가로서의 사명

출판시장과 독서문화는 그 사회의 지적 인프라다. 책이 팔리지 않고 책 읽는 문화가 사라지는 것은 곧 그 사회의 정신적 황폐화를 의미한다. 개인이든 어떤 사회집단이든 독서가 활성화 되고 인문과 실용이 균형을 이룰 때 건전한 사회발전을 도모할 수 있다. 더불어 돌파구 없이 정체되어 있는 우리의 경제적 어려움도 역시 책 읽는 문화의 활성화를 통해 정신적 활력을 제고시켜야 해결될 듯싶다.

여기서 새로운 시적 장르를 창조하는 조성규 시인의 시편이 시대를 선도하는 의미에서 많은 독자가 읽어주기를 기대하며, 오늘의 삶이 또 다른 전장에서 "생동감 넘치는 전투"로 빗대어지는 시 〈한 컷의 예술〉을 감상해 본다.

　　가까이서 찍어야 생동감이 넘치는 전투
　　포연이 스멀스멀 격전지에서 부릅뜬 눈

총탄이 빗발치는 악마의 영역 전쟁터
순간을 포착하려는 예리한 시선
투철한 정신의 감각 명확한 렌즈
파괴의 참상을 목숨을 걸고 찍는 신념
인간의 극과 극을 담고자 한 사진 한 컷
실상을 적나라하게 전하는 최전선 기자
인간의 야만성을 알리는 보도 사진
함축성의 극처인 무언의 예술 장르
생과 사의 갈림길에서 남기고픈 산 역사
인생의 모든 걸 건 고독한 사진 기자
사명감에 불타올라 공포를 억누르고
피 튀기는 전쟁의 참혹상을 알리고자
허름한 가방을 질끈 어깨에 메고
타이밍을 포착하는 한 컷의 예술가

-〈한 컷의 예술〉전문

위 시〈한 컷의 예술〉은 전쟁 보도사진을 소재로 삼아 사진 예술이 지닌 윤리적 무게와 미학적 차원을 동시에 드러내는 작품으로 보인다. 시는 "총탄이 빗발치는 악마의 영역"과 "포연이 스멀스멀 격전지에서 부릅뜬 눈"이라는 강렬한 이미지로 시작하여 '전쟁터'를 단순한 배경이 아니라 인간성의 극한이 드러나는 시험장이자 기록해야 할 '산 역사'의 무대로 설정한다. 더불어 사진 한 장이 단순한 기록을 넘어 '무언의 예술 장르'로 기능함을 강조하며, 언어로 설명할 수 없는 참혹함을 순간의 응시와 셔터 한 번으로 압축하는 힘이 바로 예술이라는 점을 드러낸다. 동시에 그 예술은 생사를 건 기자의 고독한 결단에서 비롯되는데, 시인은 "허름한 가방을 질끈 어깨에 메고" 전장을 누비는 사진 기자를 "한 컷의 예술가"로 호명하며 그의 사명감이 곧 인류의 기억과 윤리로 이어진다고 귀결시킨다. 내재적인 논리에 기반한 '기승전결'의 묘미를 확실하게 내보임으로써 조성규 시인이 추구하는 시적 기반의 전형을 보여준 작품이라 하겠다.

특히 극적 대비와 압축적 언어를 통해 주제를 형상화하고 있는데, '포연−총탄−악마의 영역−참혹상'과 같은 어휘들은 공포와 파괴를 환기시키는 반면, '예리한 시선−명확한 렌즈−신념'은 예술가의 의지와 정신을 드러낸다. 이렇게 시 전체는 '참혹함과 기록, 공포와 사명'이라는 이중 구조 위에 놓여 있으며, 대립적 이미지들이 사진 기자의 내적 갈등과 숭고한 결의를 동시에 전달한다. 따라서 이 작품은 단순히 전쟁의 비극을 증언하는 시가 아니라 예술과 윤리, 기록과 역사의 긴장을 예리하게 포착한 현대적 선언문으로 읽히는 것이다.

  내 마음을 엮어 한 번 더 날기로 한 다짐
  때론 쫓기듯이 시를 쓰는 심리상태
  굳은 결심만 빙빙 맴도는 늦은 밤
  깊숙한 심중에 숨어 있는 내 속의 문장
  더러운 걸 보면 슬쩍 돌려치고

깨끗한 걸 있는 그대로 쓰자
어딘가에 꼭꼭 묻어놓은 문장을 찾아
그 느낌 그대로 표현하고자 한 신념
높은 곳에서 고개를 곧추세우는 기질
대립하다가 현기증 일며 돌아서는 발길
예리하게 치켜뜬 눈으로 직시하는 세상
이대로 살다 보면 뜻한 바를 이루겠지
처마 끝에서 날아오르는 새처럼
상상 끝에 한 번 더 비상을 하자
꺾이지 않는 의지와 자긍심을 지닌 채
드넓은 창공을 향해 세차게 날아오르자

― 〈한 번 더 날자〉 전문

    위 시 〈한 번 더 날자〉는 시인의 내적 결심과 창작 의지를 응축적으로 보여주는 작품이다. 무엇보다 "내 마음을 엮어 한 번 더 날기로 한 다짐"이라는 고백으로 시작해 때론 쫓기듯이 시를 쓰는 불안한 심리상태와 늦은 밤 반복되는 결심을 드러낸다. 이어지는 구절에서 "더러운 걸 보면 슬쩍 돌려치고/ 깨끗한 걸 있는 그대로 쓰자"라며 시인의 창작 태도를 환기시키는데, 이는 현실의 불순한 요소와 타협하지 않고 진실하고 순수한 문장을 추구하겠다는 다짐으로 읽힌다. 이어 작품의 전개는 단순한 글쓰기의 고충을 넘어 자기 존재를 직시하고 세상을 마주하는 태도의 문제로 확장된다. "높은 곳에서 고개를 곧추세우는 기질"이나 "예리하게 치켜뜬 눈으로 직시하는 세상"에서 조성규 시인이 시를 대하는 기개와 관조적 시선을 엿볼 수 있다. 동시에 "대립하다가 현기증 일며 돌아서는 발길"에서 그의 시창작 과정에서 겪는 갈등과 흔들림을 솔직하게 드러낸다. 그러다 결말부에서 이 시집의 표제를 담은 시인의 의지를 내보이는데, "처마 끝에서 날아오르는 새처럼/ 상상 끝에 한 번 더 비상을 하자"는 선언은 작품 전체를 관통하는 상승 서사의 정점으로, 결국 좌절 속에서도 다시금 날아오르려는 꺾이지 않는 조성규 시인의 의지를 형상화하고 있다.

> 신문의 다양성을 깨달았던 청년기
> 눈길이 자주 가던 지면 문학계의 소식
> 지금은 사라진 연재소설을 즐겨 읽고
> 시는 이해가 될 때까지 반복해 읽었지
> 생의 끄트머리에서 쓴 입몰의 명시
> 혼백으로 지상을 뜬 유고시 한 편
> 살얼음을 딛고 날아오르는 겨울새처럼
> 날갯짓 승천으로 한 상애를 끝낸 시어
> 시 창작이 풀리지 않아 헤매던 그해
> 신문에 실린 시에 자극을 받아
> 앞길에 가로놓인 벽을 뚫고 갔던 과정
> 내 영혼의 받아쓰기에 몰두한 고행
> 진실이 안개 속에 가린 혼돈의 시국
> 비판적인 사고와 의식을 키워준 신문

어둠 속에서 오롯이 촛불을 밝히듯이
선입견을 깨는 기본 틀이 되어준 산실
　　　　　　　　　　　- 〈신문과 문학〉 전문

　위 시 〈신문과 문학〉은 조성규 시인의 청년기 경험과 문학적 성장 과정을 신문이라는 매체와 결부시켜 풀어낸 작품이다. 시는 "신문의 다양성을 깨달았던 청년기"라는 고백으로 시작되며, 문학 지면의 소식과 연재소설, 시를 읽으며 형성된 감수성을 회상한다. 특히 "시는 이해가 될 때까지 반복해 읽었지"라는 대목에서 단순한 독서를 넘어 자기 내면을 성찰하고 언어의 힘을 체득하려는 청년기의 몰입적 태도를 보여준다. 이어지는 구절에서 "생의 끄트머리에서 쓴 입몰의 명시"나 "혼백으로 지상을 뜬 유고시 한 편"이 조성규 시인 자신의 문학적 생사와 경계로 맞닿아 있음을 환기시키며, 시어를 통해 인간의 유한성과 영속성이 동시에 드러나고 있음을 강조한다. 시의 중반부에서는 창작에서 겪는 막힘과 돌파를 표출한다. "시 창작이 풀리지 않아 헤매던 그해/ 신문에 실린 시에 자극을 받아/ 앞길에 가로놓인 벽을 뚫고 갔던 과정"에서 문학과 언론의 상호 자극 관계를 드러내며, 신문이 단순한 정보 전달 매체를 넘어 창작 동력을 제공하는 원천이었음을 회상한다. 동시에 "내 영혼의 받아쓰기에 몰두한 고행"이었음을 조성규 시인이 시 창작에 있어 하나의 숙명적인 수행으로 받아들이고 있음을 내비친다. 후반 종결부에서는 당대의 혼란스러운 시국이 배경으로 등장하여 "진실이 안개 속에 가린 혼돈의 시국"에서 신문은 "비판적인 사고와 의식을 키워준" 장치로서, "어둠 속에서 오롯이 촛불을 밝히듯이 / 선입견을 깨는" '산실'로 기능했다는 자각을 보여준다. 즉 이 작품은 신문을 통해 사회적 비판의식을 기르고, 동시에 문학적 감수성을 성숙시킨 자전적 서사를 바탕으로 하여 신문이 제공한 지적 자극과 문학적 감흥은 결국 시인의 세계관을 확립하고 비판적 창작 태도를 형성하는 밑거름이 되었음을 상기시키며, 그 과정을 압축적으로 담아내어 독자에게도 언론과 문학의 상호작용이 지닌 의미를 되새기게 한다.

3. 자기 존재의 내밀한 고백, 그림자 혹은 분신

조성규 시인은 오랫동안 고독과 방황의 시간을 겪어온 시인이다. 그가 힘든 삶의 여정에서 자기 부정과 희망을 반복적으로 겪으면서 인간 존재가 겪는 근원적 삶의 갈등을 시적으로 표현해 왔다. 무엇보다 자기 존재의 가치를 듬뿍 담은 내밀한 고백을 얻어, 이를테면 밤길을 걷는 자신의 뒤를 따르는 그림자가 곧 분신임을 담보하여 단순히 밤길의 정경을 묘사하는 것이 아니라, '나'와 '내 안의 또 다른 나'라는 분신의 관계를 통해 정체성과 구원의 문제를 성찰하는 작품으로 표출해 온 것이다.

> 인적이 드문 늦은 밤 할 일 없이 걷다가
> 따라오는 그림자를 바라보는 멍한 눈길
> 각도에 따라 커졌다가 작아지는 형상

그림자조차 잊고 살아온 나날
일상에 쫓기듯이 살다 보니
갈 방향을 잃고 헤매는 족적
가지 말아야 할 막다른 골목길
길이 막힌 곳에 갇혀 버린 고뇌
밤에 분신인 내 그림자를 잊고 살아도
돌고 도는 밤길을 따라오는 동행
따로 또 같이 피안의 길을 찾는 발걸음
대지 위에 비춰진 쓸쓸한 내 그림자
달빛을 반기는 달맞이꽃처럼
빛의 구원을 바라는 내 마음의 그늘
찾아야 할 희망이라는 역을 가고자
오늘 밤 내가 내 그림자를 밟는다

- 〈그림자 분신〉 전문

위 시 〈그림자 분신〉은 조성규 시인이 자기 존재의 내밀한 고백을 '그림자'라는 상징어를 통해 형상화한 작품이다. 시는 "인적이 드문 늦은 밤 할 일 없이 걷다가/ 따라오는 그림자를 바라보는 멍한 눈길"로 시작하여, 고독 속에서 마주하는 자신의 또 다른 자아를 그린다. 그림자는 각도에 따라 커졌다가 작아지고, 때로는 잊고 살았던 분신으로 등장한다. 이러한 묘사는 일상에 쫓겨 본질을 놓친 채 살아온 시인의 삶의 무게를 메타포하며, 길을 잃고 막다른 골목에 갇히는 상황에서 시인의 방황과 삶의 고뇌를 상징적으로 보여준다.

그러다 작품의 중반부에서는 그림자가 단순한 물리적 현상이 아닌 함께 걸어가는 또 하나의 존재로 확장된다. "돌고 도는 밤길을 따라오는 동행/ 따로 또 같이 피안의 길을 찾는 발걸음"이라 하며 자아의 분열과 동행의 양가성을 동시에 드러낸다. 이는 결국 인간이 자기 안의 또 다른 '나'를 외면하거나 망각할 수 없음을 보여준다. 그러다 결말 부분에서 "대지 위에 비춰진 쓸쓸한 내 그림자"와 "달빛을 반기는 달맞이꽃"은 절망 속에서도 구원의 빛을 갈망하는 시인의 내면을 상징하며, "빛의 구원을 바라는 내 마음의 그늘"이라 표현하며 존재의 그림자가 결국 희망의 역으로 이끌려야 함을 역설한다. 덧붙여 "오늘 밤 내가 내 그림자를 밟는다"고 술회함으로써 분열된 자아와의 대면으로 화해 희망의 메시지를 보내는데 어쩌면 그동안 잊고 살아온 자기 그림자를 되찾아 자신과 함께하려는 결단의 메시지가 아닌가 싶다.

    가다듬은 최후의 정신 혼신을 다해 쓴 시
    흔적을 남기고 떠난 망혼의 여운
    삭풍 이는 어둠 속에서의 진정성
    생존의 끝자락까지 시를 쓰고자 한 신념
    숱한 밤을 오롯이 시를 쓰며 보낸 세월
    숙명적인 외로움을 부둥켜안은 한평생
    다가오는 검은 그림자의 손길에 붙잡혀
    끝내 뿌리치지 못하고 만 절명
    마지막까지 핏빛 유작시를 써

> 애절히 지인들 심금을 울려놓고
> 못다 한 비운의 생을 뒤로한 채
> 저 우주공간으로 사라졌는가
> 정든 사람들이 그대 이름을 부르는데
> 추적추적 비에 젖은 지상을 떠나
> 한 줌의 재로 사라진 원혼
> 머나먼 하늘 끝 신성이 되어 버린 술친구
>
> — 〈절규 유작시〉 전문

위 시 〈절규 유작시〉는 조성규 시인이 인간으로서의 마지막 순간과 창작의 운명을 겹쳐 보여주는 작품이다. 시는 "가다듬은 최후의 정신 혼신을 다해 쓴 시/ 흔적을 남기고 떠난 망혼의 여운"이라는 구절로 시작하여 죽음을 앞두고도 시를 쓰고자 하는 의지를 선명하게 드러낸다. 이는 시인의 삶 전체가 창작과 불가분의 관계임을 암시한다. 작품은 "숱한 밤을 오롯이 시를 쓰며 보낸 세월"과 "숙명적인 외로움을 부둥켜안은 한평생"이라는 표현을 통해 시인으로 살아가는 고독한 운명을 강조한다. 이어지는 "다가오는 검은 그림자의 손길에 붙잡혀/ 끝내 뿌리치지 못하고 만 절명"이라 하여 죽음을 피할 수 없는 숙명으로 그리면서도 그 순간조차 시를 통해 삶을 이어가려는 비극적 의지를 담고 있다.

특히 "마지막까지 핏빛 유작시를 써/ 애절히 지인들 심금을 울려놓고/ 못다 한 비운의 생을 뒤로한 채/ 저 우주공간으로 사라졌는가"라며, 죽음이 단절이 아닌 울림으로 남음을 메타포한다. 이는 시를 통해 시인의 존재가 소멸을 넘어 타인의 기억 속에서 계속 살아 있음을 암시한다. 결론적으로 "정든 사람들이 그대 이름을 부르는데/ 추적추적 비에 젖은 지상을 떠나/ 한 줌의 재로 사라진 원혼/ 머나먼 하늘 끝 신성이 되어 버린 술친구"라며 죽음을 애도하는 장면으로 마무리하면서도 남은 이들의 기억과 애정 속에서 새로운 의미로 재탄생하는 시인의 모습을 보여준다.

다시 말해 조성규 시인의 〈절규 유작시〉는 죽음의 비극과 시적 창작의 영속성을 교차시킨 작품으로서, 절망 속에서도 마지막까지 언어를 붙잡는 행위는 단순한 문학적 자세를 넘어 인간 존재의 본질적 고투를 드러낸다.

깊숙이 박혀 있는 광석 숨어 있는 금맥
오지에 묻혀 있는 다이아몬드
자연에 숨어 빛을 발하는 원석
어딘가 있는데 드러나지 않는 광채
원석을 발굴하여 움켜쥐려는 군상들
깎고 다듬어 세련되게 포장하는 상품화
개인의 소유물로 간직되는 보석
잔칫날 치장을 한 장신구로 전락한 빛
저마다 돋보이려고 튀는 세상
가치 없는 시를 포장하려는 허구
시를 예리한 칼날처럼 여기지 않고
앞잡이 역할로 착각해 나대는 하수들

문단에 호적이 없어 자유로울 수 있는 자
정직한 시문학의 무한한 순수성
저물어 가는 시문학의 끝자락에 깨달음
울림이 있는 시는 생명력이 길다는 것

– 〈숨어 있는 자〉 전문

위 시 〈숨어 있는 자〉는 조성규 시인의 인간 존재와 잠재력의 본질을 '광석'과 '원석'에 이입시켜 풀어낸 작품이다. 시는 "깊숙이 박혀 있는 광석, 숨어 있는 금맥/ 오지에 묻혀 있는 다이아몬드"라고 화려하게 도입부를 장식하며 눈에 드러나지 않는 가능성과 가치가 여전히 세상 곳곳에 존재함을 강조한다. 이러한 이미지는 외부에서 쉽게 발견되지 않는 내적 힘과 재능을 비유하며, 인간이 본래 지니고 있는 잠재성이 언제든 빛을 발할 수 있음을 드러낸다. 무엇보다 "자연에 숨어 빛을 발하는 원석"이라는 표현을 통해 아직은 세공되지 않았지만 충분히 찬란해질 수 있는 인간 내면의 힘을 환기시킨다. 이 원석의 이미지는 조성규 시인의 자기 고백적 태도와도 연결된다. 삶의 고난과 사회적 한계 속에서도 묻혀 있는 가능성을 믿고 그것을 드러내려는 노력이 바로 시 창작의 동력이자 인간 존재의 의미임도 암시한다. 따라서 조성규 시인의 시 〈숨어 있는 자〉는 인간이 지닌 잠재력과 문학의 본질을 동시에 성찰하면서 겉으로 드러나는 성취보다 묻혀 있는 가능성의 가치를 더 높게 평가하며, 그것을 발굴하고 빛내는 것이야말로 시인의 사명임을 강조한다. 결국 이 시는 독자에게도 자신의 내면에 숨겨진 가능성을 믿고 끝까지 끌어올려야 한다는 메시지를 던지며 잔잔하면서도 단단한 울림을 남긴다.

4. 나오면서

'고전을 읽을 때는 정말 밖으로 뛰쳐나가고 싶다'는 말이 있다. 지루하고 힘들 때 더욱 그렇다고 한다. 바로 우리네 삶이 힘들고 지루한 것이겠지만 밖으로 뛰쳐나가고 싶다는 건 고전을 읽음으로써 비로소 삶을 감당하는 그 순간이 왔기 때문일 것이다. '책 읽기의 괴로움'을 토로하면서 그래도 책은 선명하게 읽을 수 있는데 문제는 책처럼 우리가 사는 이 세상을 선명하게 읽을 수 없다는 것에 좌절을 겪는다. 바로 이렇게 생겨나는 괴리가 우리의 불행이며 결핍이다. 그러나 '이 더럽고 치사한 괴리는 무엇이냐'고 따져 들어갈 때 깨침과 싸움이 시작되며, '책 읽기의 괴로움'은 드디어 '책 읽기의 행복'으로 귀결되는 것이다.

책이 팔리지 않는 현실을 아쉬워하며 조성규 시인의 시집 《상상 끝에 비상》을 감상해 보았다. 아무튼 새로운 시 형태로써 16행으로 정형화 된 자유시를 지향하고 창작열을 불태우면서 새로운 시적 정형화에 앞장서는 조성규 시인의 앞날에 문운이 활짝 열리기를 기원하며 잘 팔리는 시집으로 우뚝 자리하고, 또 시대정신을 제대로 반영하는 시인으로서 대성하기를 기대해 본다.

상상 끝에 비상

지은이 / 조성규
발행인 / 김영란
발행처 / **한누리미디어**
디자인 / 지선숙

08303, 서울시 구로구 구로중앙로18길 40, 2층(구로동)
전화 / (02)379-4514, 379-4519
Fax / (02)379-4516
E-mail/hannury2003@daum.net

신고번호 / 제 25100-2016-000025호
신고연월일 / 2016. 4. 11
등록일 / 1993. 11. 4

초판발행일 / 2025년 9월 30일

ⓒ 2025 조성규 Printed in KOREA

값 12,000원

※잘못된 책은 바꿔드립니다.
※저자와의 협약으로 인지는 생략합니다.

ISBN 978-89-7969-906-7 03810